南味道·美食

著 猪小乐 绘

JiNan
WeiDao
MeiShi

山东城市出版传媒集团·济南出版社

**图书在版编目（CIP）数据**

济南味道 . 美食 / 高维生著 . -- 济南：济南出版社，2021.6
ISBN 978-7-5488-4732-8

Ⅰ . ①济… Ⅱ . ①高… Ⅲ . ①文化史－济南②饮食－文化－济南 Ⅳ . ① K295.21 ② TS971.202.521
中国版本图书馆 CIP 数据核字 (2021) 第 124640 号

# 济南味道·美食

出 版 人：崔　刚
图书策划：田俊林
责任编辑：李圣红　董慧慧
美食顾问：赵　欣
营销统筹：万　斌
封面设计：壹　诺
版式设计：陈国锋
出版发行：济南出版社
地　　址：济南市二环南路 1 号
邮　　编：250002
印　　刷：山东联志智能印刷有限公司
成品尺寸：130mmx200mm 32 开
印　　张：5
字　　数：100 千
版　　次：2021 年 6 月第 1 版
印　　次：2021 年 7 月第 1 次印刷
书　　号：ISBN 978-7-5488-4732-8
定　　价：39.00 元

如有倒页、缺页、白页，请直接与出版社联系调换。
联系电话：0531-86741736

# 真实是遥远的秘密

美食自古以来就在人类社会中扮演着不可替代的角色。我国不同地区因气候、生活习惯方面的差异,口味不一样,形成了地域饮食文化的独特性。

地域菜系的形成,有一定的条件要求,该地区必须是商业、交通与文化发达之地。因为经济繁荣,相对的饮食业才兴旺,从而出现众多的名馔佳肴。从另一面来说,城市经济蓬勃发展,也可以获得丰富的食材。

在我国的四大菜系中,鲁菜以烹饪功力著称,其中济南菜尤为出众。济南菜,古称历下菜,起自鲁西地方,吸收湖菜的技艺。济南地处南北交通要道,商业发达,在饮食方面形成了自己的风格。《济南府志》云:"惟济南水陆辐辏,商贾相通,倡优游食颇多。"大明湖出产美蔬蒲菜、茭白、莲藕,又有黄河鲤鱼、章丘大葱、龙山小米、文祖花椒等,特殊的地理环境,造就了济南丰富的物产。

味道是记忆,是舌尖上的乡愁。每个菜都打上了印记,更重要的是有味道所积淀的文化。人一生走过南,闯过北,行走中免不了品尝各种美食。老味道不仅是对过去生活的回忆,也是对传统文化的继承。如果饮食不受地理环境影响,便会失去人文意义,不可能成为经典传下来。美食是人们去陌生地方的路标,人的情感汇集在美食之上，形成巨大的历史河流。心灵性，是支撑菜的灵魂。寻访一道菜，记录一个人行走的过程，漫长旅途，有美味在前方吸引人到来。

文学不是历史拓片，无法将情感贴在时间之碑上、用技能拓在纸张上，而要用精神之火，烧燎记忆生长的野草，举起思想的刀修复残缺的地方。菜中蕴藏真实的历史、创制者的情感，尽管在历史长河中菜的做法有些变化，但技法秘方和名字很少改变。美食中深藏宏大文化，可从中发现人类生活历史和一些大事件。每一道菜来到面前，既是美味，又是神秘的故事。当初创制菜品时，离不开时代背景、地域色彩、人和物事发生的相关因素，这一切都通过食物表现出来。菜如同一张铺开的纸，写下一个字，记忆中出现人的踪迹，它带有生命的温度，情感的激情。记录一段经历，不是闲情抒发，而是真实存在。

菜品的传说记录了地域性的事物，还有历史、文化和地方民俗，是研究人文地理的重要资料。大地生长出不起眼的菜，人们采集、烹饪，创制出菜肴。这个过程是促进了地域饮食文化的形成。一些古建筑已湮没在历史的尘埃中，但那些老味道却留存了下来，名同味符，也满足了心愿。

著名作家张炜指出："一个人即便有了很高的社会地位，也还是不能适应食谱的改变，这就是童年刻下的记忆。某种食物会顽固而执拗地把一个人拖回童年，这当然不仅仅是为了一份口腹之欲，更是精神、意识、心理层面的综合拖拽力，它转化成实在的、物质层面的追求和落实。可见气味与食物的记忆看起来容易理解，背后却有深刻复杂的蕴含。"张炜不仅是在讲美食对人的作用，也谈了生命的本原和文化的延续。

当一个人坐在餐桌前，面对一道菜的时候，他便进入了审美状态。品尝菜的香味，观其色泽，从菜的造型上寻找时间记忆，从中发现人的踪迹和当时的社会背景。

菜看上去简单，似乎只是为了口味享受，其实它是另一种纪念碑，是文化的象征。

二〇二一年五月十八日 于抱书斋

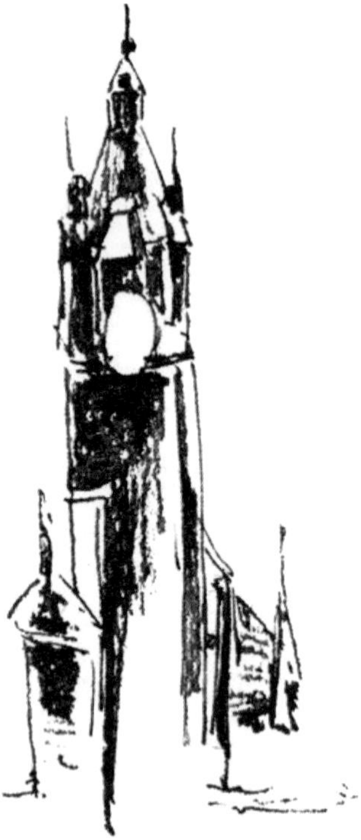

济南味道·美食·目录

# 第一辑 ·菜中有诗意·

荷花炸时也漂亮 /002

菜中有诗意 /010

便宜坊 /016

后宰门街大饭庄 /023

挡口硬菜 /029

百年燕喜堂 /038

天下第一蹄 /044

萃华楼的打卤面 /050

离不开九的老字号 /055

老济南的两家扁食楼 /058

## 第二辑 ·一箸脆思蒲菜嫩·

一箸脆思蒲菜嫩 / 070

谁知个中滋味 / 079

大米干饭把子肉 / 087

草包包子荷叶香 / 092

鲜嫩带脆炒腰花 / 096

香不过的老南肠 / 103

最有故事的一道菜 / 106

会言龙肉不为珍 / 111

敢做这道菜的人 / 115

# 第三辑 ·纤手搓成玉数寻·

酸 蘸 儿 /120

油旋，软酥香 /125

俗 称 一 窝 丝 /129

一 碗 百 年 甜 沫 /132

葱 中 之 王 /135

文 祖 花 椒 /139

大 明 湖 白 莲 藕 /144

纤 手 搓 成 玉 数 寻 /147

**第一辑**

# 菜中有诗意

# 荷花炸时也漂亮

在济南历史中,晚清文人,安徽来安县人孙点值得一提。他青年时代游历数省,光绪八年(1882)来到了济南,给山东学政张百熙做幕僚。

一八八二年夏季,天气燠热,孙点写下《历下志游》一书,介绍济南城的沿袭、变革及空间结构和形式。他记录的一些风俗,在其他文献中尚无记载。

写史志性文字,离不开人类学的田野考察,需在特定空间和时间范围内参与当地人的生活。孙点去过雅园,在那里品尝过名厨做的菜,他谈济南餐馆时称:"最雅园坐地最佳,薄有园亭,可资散步。闻为某氏别墅,先期定座,

偕三五友人，作竟日之聚，亦自有致，惟肴馔市诸各酒楼。"孙点品尝雅园菜品，不会与普通食客一样，只说出个"好"字。在回味中思考很重要，可以了解该地文化变迁，所谓"最雅园坐地最佳"，说明雅园有特色，和后宰门鹿鸣园、九华楼，芙蓉街中和园、北渚楼、海山居，王府池凤嘉楼，金菊巷福庆楼等酒楼差异很大。雅园不仅菜有特点，而且环境幽静，里面花草树木茂盛，绿叶低映庭院，室内设屏风，窗有绣帘，墙上的字画反映店主人的雅好，茶具、食具和酒具讲究。

雅园是地道的鲁菜馆，菜品有油爆双脆、炒腰花、熘肝尖以及由大明湖特产制成的奶汤茭白、锅塌蒲菜、水晶藕、炸荷花等。雅园与贡院门前的吉元楼、后宰门的岱北楼、半壁街的万福楼等十五家菜馆，被列入中菜馆名录，还与明湖居、鹊华居、柳园一起被列入茶馆名录。

炸荷花是济南的夏季名菜。荷花开时，采嫩花瓣为原料，清水洗净，除掉尾部，中间夹豆沙泥。鸡蛋打成细沫加面粉搅匀，锅里放上猪油，夹豆沙的花瓣蘸蛋清糊下锅略炸，便可以捞出备用。锅中油热至六成，重炸一遍，要不停地搅动，炸至淡黄入盘中，即可上桌。这道菜外酥内软，味道香甜。

大明湖自古为游览胜地。游湖之后，客人兴致不减，还要享受美食佳肴，附近的饭馆和茶寮，应运而生。一九二二年七月，中华教育改进社第一届年会在济南召开，全国教育界名家聚集济南。七月二日，上午空闲时间，柳诒徵、竺可桢、王伯秋、韦润珊、白眉初几人，乘人力车去游千佛山。千佛山是济南三大名胜之一，北魏地理学家郦道元《水经注》载道："千佛山，古称历山。"相传，上古虞舜为民时，曾耕田于历山之下，故又称舜耕山。隋朝年间，佛教在山东广泛流行，虔诚的教徒在山沿壁雕刻许多石佛，建千佛寺，千佛山因此得名。

一行人顶着太阳，沿石台阶登千佛山。从西路拾级而上，经过树木交织、绿荫掩映的唐槐亭，亭边有一棵古槐，传说秦琼在此拴马，后人称其为秦琼拴马槐。路途走到一半时，就到了齐烟九点坊。清道光二十五年（1845），历城知县叶圭书建齐烟九点坊，这几个字，也是由叶圭书题

写。郝植恭《游匡山记》记载:"自鹊华而外,如历山、鲍山、崛山、粟山、药山、标山、匡山之属,蜿蜒起伏,如儿孙环列,所谓'齐州九点烟'也。"这个"九"字,其意为站在千佛山齐烟九点坊的地方向北望去,可以望见卧牛山、华山、鹊山、标山、凤凰山、北马鞍山、粟山、匡山、药山九个突立的山头。再往前登一段路,就是兴国禅寺的山门。一行人爬上山去,越过庙宇,登上山势峻峭、突兀的峰头,往山下望去,大明湖在古老的城中,黄河如一条玉带似的甩在天边,这时才觉出千佛山的高大,这也是其成为名胜的原因。

游完千佛山之后,一行人下山,去当地名馆子雅园,品尝地方风味。雅园在大明湖边,风从湖上吹来,挟着潮湿气息,拂尽身上的汗气。他们坐在椅子上,议论千佛山游玩的细节,喝一杯清茶,解渴又消暑,随后花两元钱,上了四盘八菜,菜皆"清冽可口,而鲜胡桃与芹菜同吃,

觉别有一般风味焉"。吃完饭,已是午后三点多了,阳光仍然很足,游玩兴趣未减,他们又雇画舫游大明湖,"湖广数十顷,遍植菰蒲,湖面几塞,画舫如行甬道中"。

船户集中在司家码头,聚在一起等候来客。游船分为画舫、篷子船和布篷船。我看过多张老照片,这些图像具有重要的历史价值和意义,每张照片中都有故事,把多张照片放到一起,能表现一个时代的个体命运和历史背景。带阁楼的画舫,两个人撑篙,雕花门窗安着玻璃,舱门两旁挂木刻对联,门楣上悬挂的匾额,是船家的招牌。舱内布置舒服,方桌摆有茶具和干鲜果品,围有圈椅,舱后大炕床上面有坐垫,中间置一小几,游人能躺在上面。这是休闲的地方,可以和友人下局棋。喜静的人可以喝茶,一边回味茶香，一边欣赏舱外湖中景色。画舫划动起来，船在水中行走平稳，可静听船下水声。

湖边投下一抹绿柳，阳光照着湖水，让游人生出惬意。入夏以后荷花盛开，荷叶长满湖中，两边芦苇丛生，船从中间穿过，可欣赏沿路荷花，听水鸟的叫声。从南岸经历下亭到北岸折返回来，游湖一圈，不紧不慢约用两小时。游人下船乘着余兴，再去饱享美食盛宴，于是雅园出现，大明湖与雅园成为一个整体。

一九二二年十一月，南京高等师范史地研究会主办的《史地学报》第二卷一期，刊发韦润珊《赴济南参与中华教育改进社纪游》，记述和竺可桢等人在济南的游踪，叙述在雅园用餐的情形。当时鲁菜名厨寇延武掌勺，招牌菜有葱烧海参、糖醋鲤鱼、油爆双脆、宫保鸡丁、奶汤蒲菜、蝴蝶海参、清汤燕菜等。

一九二二年十月九日，胡适第三次乘火车抵达济南，参加第八届全国教育会，住在津浦铁路宾馆。十月二十二日，胡适在自己主编的《努力周报》第二十五期，刊发新诗《游大明湖》。他在日记中记录游大明湖的感受："同书城到司家码头，雇船游大明湖；到了历下亭、北极阁、张公祠（纪念山东巡抚张曜，即《老残游记》中之庄巡抚的祠堂）、汇泉寺。风太大，我们不愿到铁公祠，就回到雅园吃饭。"

胡适享受美味，在席间写下小诗《游大明湖》，里边有两句说"这里缺少一座百丈的高楼，使游人把眼界放宽"。其实大明湖有过楼，而且号称江北第一楼——超然楼，始建于元代，是一座拥有几百年历史的名楼，最初由李泂建造。

李洞，字溉之，山东滕州人，生于元世祖至元十一年（1274），曾授翰林国史院编修官，参与编纂《经世大典》。后辞官回山东老家，居住在济南，他爱山喜水，遂建成超然楼。清代文人蒲松龄也曾在此居住过。由于战火、灾涝等原因，超然楼多次被毁又屡次重修。二〇〇七年，大明湖扩建工程开工，在超然楼旧址重建。二〇〇八年八月，重建起的超然楼高五十一点七米，建筑面积五千六百七十三平方米，共有七层。站到这里，可以俯瞰整个大明湖的风景。

一九二三年，臧克家在济南省立第一师范学校读书，在回忆中这样写雅园："大明湖里，荷花中间，有不少蒲菜，挺着嫩绿的身子。逛过大明湖的游客，往往到岸上的一家饭馆里去吃饭。馆子不大,但有一样菜颇有名,这就是蒲菜炒肉。"菜就是记忆,尝过一次,终生都有美好回忆。

王明珂指出:"我们每一个人都生活在许多以集体记忆结合的社会群体中。我们许多的社会活动,是为了强固我们与某一社会群体其他成员间的集体记忆,以延续群体的凝聚。"一道菜色香味俱全,离不开人的操作,在制作过程中情感和菜香融合在一起,发生故事,有了各种复杂的元素,其中包含痛苦和快乐,离别与伤感。掺杂了人和事的菜,其故事变得曲折,富有意蕴,饱含人间的酸甜苦辣。

如今,炸荷花的味道在时间中弥漫,散发出诱人的香味。对于传统名菜,人们依然喜爱,乐此不疲。炸荷花是济南酒店的夏季主题菜,到济南的游客都免不了品尝一番。

大明湖中的荷花,一年年生长,夏季开出的花吸引游客的眼光,获得赞美,同时,人们又能品尝美食,在老味道中走进历史。

## 菜中有诗意

芙蓉鸡片成菜后,肉片像芙蓉一般,软嫩滑香,因此得名。鸡片的做法是,鸡柳肉在清水中泡除血水,剔去白筋,用刀背砸成细泥,挑出残筋,鱼肉剁成泥和鸡泥混拌。创此菜的人,一定喜好读书,具有诗人气质,才会起这样的菜名。

一九三二年,东鲁饭庄成立,是两进四合院,院中可以搭凉棚。东西是侧院,后门通到王府池子,摆放一百多桌酒席,规模在当时超出同行。东鲁饭庄位置优越,地处老城中心,东邻省政府,西靠民政厅,社会上的头面人物多来此请客。

厨师刘永庆十五岁时,跟随名厨冯德林学徒,出徒后

在百花村、东鲁饭庄几处担任大厨,擅长烹制名菜。大厨张继兴先在燕宾楼当学徒,后在宏文达、东鲁饭庄任大厨,善于烹调山东名菜,对菜的炒汁、煮汤及色味方面有独到见解。

东鲁饭庄的芙蓉鸡片名气大,它是菜中大件,高档酒席必上的热炒。做芙蓉鸡片要紧的是用文火,锅热后,放油润炒锅,倒出后再放入猪油。油热时,分次倒入芙蓉液,这时必须晃锅,否则会粘到锅上。蛋清与鸡蓉变白时倒进漏勺,控净油。用葱末和姜末煸锅,放几片笋片,入芙蓉鸡片。菜入口即化,鸡肉味道鲜美,汤汁色白。

一九三二年四月一日,"国立青岛大学"公布修订的学则。新规一出来,即引起学生不满,学生认为这是学校用学分淘汰制打压他们的抗日热情,迫使他们远离政治,只能埋头学习，不去关心国事。在进步学生的组织下，学生发起自治会，要求学校修改学则。一九三二年六月，青岛大学第三次爆发学生罢课运动，校长杨振声提出辞职。理学院院长黄际遇代理校务，为解决此事，特意来到了济南。两次来到东鲁饭庄。他在日记中写道："余既来，只得平心与何（思源）、张（鸿烈）、赵（畸）三君商量收拾之策，约翌日晨，往省府面各当道。午，幼山招饮东鲁饭庄。余先赴建设厅访张筱台、曹理卿。饭后幼山、仙槎陪至胶济铁路饭店细谈校局，稍稍有办法。三时许至教育厅为王子愚、何仙槎、蔡子韶书屏对数事。晚，理卿招饮东鲁饭庄。"创立于二十世纪二三十年代的东鲁饭庄是老城最大的菜馆，主要经营胶东菜，以承办酒席为主。因为门面大，请客排场，好多既有权力又有地位的人经常来此宴请。

我去看过东鲁饭庄旧址。旧址位于芙蓉街七十二号，王府池子西岸的两层楼房，即是当年饭庄的后楼，前院的四合院面积最大，五间正房，卷棚的屋顶，前后两坡交界处不用正脊，而做成弧形曲面的屋顶，高大而宽敞，门窗上半部分是圆弧拱券形状。后院是一座九开间的两层楼房，青砖，小片青瓦，楼后是王府池子。

京城有"买布八大祥，吃饭八大楼"的说法，所谓"八大楼"是指著名的八家最大的山东饭庄。"八大楼"以经营鲁菜为主，为首的是东兴楼，还有泰丰楼、正阳楼、春华楼几家。东兴楼始建于清光绪二十八年（1902），山东胶东风味，曾经是京城名流聚集的地方。东兴楼的芙蓉鸡片，是筵席少不了的菜肴。东兴楼在东华门大街路北，大家习惯叫楼，其实是三进两跨院的平房，只是间架非常高。楼房主人建楼时没有多想，所有材料备齐，有高人指点：这里临近皇城根儿，如果盖高层楼房，不是什么好事，有窥视大内的嫌疑，这可是大罪。听了这样的解读，楼主吓坏了，于是利用所有的材料改造平房。据说东兴楼厨师有来头，不是普通人物，是来自御膳房，烹调技术高，手艺属于烟台一派。

二〇一三年十一月三十日，我写下最后一个字，终于完成《梁实秋传》。几个月的艰苦创作中，我跟随梁实秋的身影，从他的作品中找寻其生命影迹。

梁实秋是普通人，我从这个角度出发，沿着他一生的轨迹行走，越来越感受到他真实的可爱，他身上体现的知识分子的风骨。他绝非简单地写琐屑的生活，老北平不仅是他的出生地，更是其魂牵梦绕的精神故乡。他笔下的老北平、小胡同、放风筝、水木清华的母校、串街叫卖的小贩、吃过的各种小吃，无不清淡有味。

梁实秋在《雅舍谈吃》中写过东兴楼："现在说到芙蓉鸡片。芙蓉大概是蛋白的意思，原因不明，'芙蓉虾仁''芙蓉干贝''芙蓉青蛤'皆曰芙蓉，料想是忌讳蛋字。取鸡胸肉，细切细斩，使成泥。然后以蛋白搅和之，搅到融和成为一体，略无渣滓，入温油锅中摊成一片片状。片要大而薄，薄而不碎，熟而不焦。起锅时加嫩豆苗数茎，取其翠绿之色以为点缀。如洒上数滴鸡油，亦甚佳妙。制作过程简单，但是在火候上恰到好处则见功夫。东兴楼的菜概用中小盘，菜仅盖满碟心，与湘菜馆之长箸大盘迥异其趣。或病其量过小，殊不知美食者不必是饕餮客。"梁实秋去东兴楼品尝过菜品，当然有发言权，他观察很细致。

另一位芙蓉鸡片爱好者，当数京戏表演艺术家马连良，马派艺术创始人。大多数人不知道，马连良烹饪技术高超，据说他的拿手菜是芙蓉鸡片。后来淮扬菜、川菜、京菜都有该菜品，基本以鸡柳肉、鸡蛋等食材制作而成。芙蓉鸡片端上桌子，如同一幅民俗画卷，格调高雅，记录辉煌的人和物。夹一块鸡片入口，软嫩滑香，细嚼中散发香味，可感受到济南菜的精华。

芙蓉鸡片是大厨的拿手好菜，也是济南的代表菜，具有独特的味道，每一次吃，都是新的享受。

# 便宜坊

一九三三年十二月，济南发生过一件轰动海内外的新闻事件：孙桐岗和程砚秋穿飞行服，坐上"航空救国"号飞机，在济南的天空绕了两圈，俯瞰泉城全景，落地以后，两人在飞机前合影留念。

这一年，便宜坊开张营业，创始人是天津人张月祥。张月祥在天津便宜坊饭馆当过跑堂，一九二六年天津发大水，他无法生活下去，为了活命流落他乡，来到了济南。开始，他在纬四路子云亭饭馆当伙计，省吃俭用攒下点钱。

一九三三年，治梅斋饭馆经营不善关闭，他与戴长仁、高玉祥、张增琴、雷希生、李庆林几人，集资银元一千两百元盘下治梅斋，开设便宜坊饭馆。

天津因漕运兴起，唐朝中叶以后，变成南方物资向北运的水陆码头。咸丰十年（1860），天津成为通商口岸后，西方各国在此设立租界，天津成为北方的开放地区。天津菜历经几百年发展，形成汉民菜、清真菜、素菜、地方特色菜以及民间风味小吃的体系。

张月祥在这样的环境中长大，受商业文化影响，观念不守旧。他之所以将济南饭馆命名为便宜坊，是因为北京、天津有便宜坊，既表达对家乡的思念，也含有文化继承的味道。

便宜坊不是大饭庄，只是家小饭馆，面积不过六十平方米，十几个伙计，人员少，各位股东也得工作。闹市区饭馆众多，又一新、子云亭、大华饭馆都在这一带，相比之下，便宜坊不论在哪方面都不具备竞争力。面对这样的局面，唯一可走的路，就是张扬自己的特色，创立品牌吸引顾客。

张月祥有着天津人的商业头脑和多年的餐饮从业经验，他选中锅贴作主打食品，大众化是其追求的方向。锅贴是我国传统的美食小吃，属于煎烙小食品，在其他地区有分布。便宜坊选中锅贴，就要制作出独特的风味,只有与众不同才能吸引顾客。清朝初年,济南就有这种面食,二十世纪二十年代,有一家金城村饭馆,就以锅贴闻名泉城。与便宜坊相邻的子云亭饭馆也卖锅贴,它家注重广告效应,调好馅料摆在门口做招牌,吸引顾客眼光。便宜坊想要在困境中冲出来,不能走老路,必须有自家的制作方法。

张月祥在餐饮业摸爬滚打多年,对行业了如指掌。他把食材关,锅贴有三鲜馅、猪肉馅、素馅,所用馅料必须

是时令蔬菜。讲究锅贴制作技艺，皮薄馅大。锅贴摆放鏊锅内，淋上花生油，放入适量清水。盖上锅盖，焖煎约八分钟，揭开盖淋花生油，焖上一会儿。起锅时，锅铲从底铲起，翻转锅贴，使其面朝上装入盘内。锅贴深黄酥脆，两端口张开，馅料微露，颜色和光泽吸引人，美味合口。菜有生命，不仅因为食材取自大地，还因为其中饱含做菜人的情感、创制人所经历的事情。我们作为享受者，品尝美味之外，还需要了解一些不知道的秘密。我们注视菜，它也在注视我们，彼此间的相望，都在寻找一份真实。

天津人张月祥带来家乡美食,除主营锅贴外,还经营豆沙包、灌汤包,菜食有扒海参、扒鸡腿、扒猪肉。"四大扒"是天津传统菜代表,也是民间筵席的形式,并非只有四种,扒面筋是其中一种。便宜坊菜食有特色,服务热情周到,在二十世纪三四十年代很快誉满泉城。便宜坊在经三纬四路口,也在火车站步行范围之内,是行人往来之地,距离北洋大戏院仅六百米,京剧艺术大师梅兰芳、尚小云、奚啸伯等名角儿,在北洋大戏院唱完戏后,经常来此吃夜宵。

　　我父母住在洪楼南路十号,小区前的胡同以前搭建了许多临时房,路中间可过一辆车,两边都是小食摊,有各种风味的小吃,甚至有四川菜、陕西肉夹馍以及各种小炒。出小区大门左拐,走出不过十几米远,有一个挂济南锅贴的摊位。摊主是四十多岁的妇女,操作熟练,在这里干了有几年时间,生意不错,来买的顾客很多。我偶尔买一两斤作为午饭,母亲咬一口,评价还可以。我说这不是正宗

济南锅贴，便宜坊的在泉城最有名气。母亲说光动嘴，去买点回来尝尝。每次回家都是很匆忙，没有时间去找便宜坊。如今母亲离开几年，她生前愿望没有实现，确实是遗憾的事情。

人类学家提出"物的记忆"，美食让人回忆过去的事情，拥有历史索引功能，指向过去深处。记忆离不开社会、文化、群体的集体活动。每个人故事不一样，在各个时代中发生，会有不同的表现。

张月祥绝顶聪明，看便宜坊的名字就注定成功。他懂得消费心理，人们喜欢"便宜"二字，其语气流畅，富有节奏感，容易记住，况且锅贴味道好。

济南锅贴是传统风味小吃，至今仍是大人小孩喜食的有馅面食，底部深黄色，而且酥脆，上面呈浅黄色，两端不封口，张口处微露馅料。铁铲铲起锅贴时，五六个连在一起，周边及上部略软，馅里溢出的鲜香浓郁，吃时皮脆且馅软，令人回味不尽。

# 后宰门街大饭庄

济南民谚云:"有多大荷叶,包多大粽子。"由此可见,大明湖的荷在人们心中的地位特殊。过去大明湖里荷田繁盛,北园大面积种荷。每年夏季,后宰门街九华楼饭庄、同元楼饭庄,还有其他菜馆,都有一道荷叶肉。菜肉质软嫩,荷叶清香迎面,堪称精美菜肴。不去饭馆,在家中也可熬荷叶粥,炸藕盒,清炒藕丝。

严薇青先生是济南人,长期研究古典文学,致力于对刘鹗《老残游记》的研究。他这样写荷叶肉:"这也是过去济南夏季特有的名吃。按照做'米粉肉'或'粉蒸肉'的做法,先切好猪肉,炒好米,拌好酱油;而后选用大明湖产的只有饭碗口大小的嫩荷叶，洗净，一张荷叶包起一块猪肉和适量的炒米，排放在碗里，再上笼蒸。蒸熟之后，带着荷叶和肉一起吃，既有猪肉美味，又有荷叶清香，特别鲜美。"我相信严薇青先生的记录，他像老一辈一样治学严谨，绝不草率从事，贸然做出某种结论，造成谬误。况且他是济南人，不止一次吃过此菜。

一九九一年，我去文化东路山师家属院拜访作家严民，她是严薇青先生的女儿，《当代小说》编辑，编发过我的多篇小说，她送我一本和她父亲共同创作的《济南琐话》。见过几次严老先生，他对人热情，没有一点大家的架子。严民送我的这本书，一直保存至今，遇到有关济南文史的问题时可供查阅。严薇青先生是老济南人，他记录的荷叶肉准确，不是凭资料写出来的。大明湖荷叶裹一块肉，经

过大厨制作，成为经典菜品。

荷被称为植物活化石，是被子植物中起源最早的植物。我国很早就有荷花文化，"出淤泥而不染，濯清涟而不妖。"人们用它比喻不与世俗同流合污的君子。莲子同音连子，象征早生贵子。辞书之祖《尔雅》解释道："芙蓉之含敷蒲也。"李清照《一剪梅》中云："红藕香残玉簟秋，轻解罗裳，独上兰舟。"荷花零落，秋天竹席变得浸凉，含蓄而不显露，描述凄凉的秋意时节诗人孤独的愁绪。李时珍《本草纲目》解释说："莲茎上负荷叶，叶上负荷花，故名。"

明成化年间，济南德王修建德王府，仿照元、明时代设四个门的做法，北门称厚载门。"厚载"出自《易经》："地势坤，君子以厚德载物"。由于街在厚载门以外，清代称厚载门街，又误为后宰门街。

后宰门街是老街巷，东面接商业繁华的县西巷，西端为曲水亭街。明清时期后宰门街来往人多，旅馆、饭铺、文具店、杂货店、民居夹杂其中，也有闻名远近的老字号，有九华楼饭庄、同元楼饭庄、远兴斋酱园和庆育药店。

同元楼饭庄在后宰门街路北，是这一带最大的饭店。同元楼饭庄取自于"同心开创新纪元"之意，辛亥革命那年，由吕本礼兄弟四人创办。吕本礼负责掌勺，吕本昂管记账，吕本仁送客，吕本义跑堂，生意做大后，从老家历城吕家庄招来伙计。

二十世纪二三十年代，同元楼正鼎盛，打的招牌是"京津小吃，随意便餐"，其实主要是鲁菜，有特色小吃，也包办酒席。每天都有订席客人，有些人游玩大明湖后便来此消费。东院自己人居住，西院为饭店经营场所，有二十多个房间，面积最大的南屋摆六张八仙桌。当年珍珠泉的泉水汇入池后，从明渠流向百花洲。明渠从饭庄院中穿过，店中鱼箱放进水中养鲤鱼，供客人现场挑选。

同元楼擅长烹饪糖醋鲤鱼、荷花粉蒸肉、罐儿蹄，还有人们喜欢的蒲菜猪肉灌汤包、金丝卷、银丝卷，各种小面食。蒲菜猪肉灌汤包，采用大明湖鲜蒲菜，作料调好后，加进高汤肉皮冻，出笼后香味扑鼻，入口不腻。

用荷叶裹住五花肉、糯米蒸食,体现荷香与肉香的完美融合,这是老济南的荷叶肉,是夏季的一款美味佳肴。

我多次去后宰门街寻访古建筑,探访历史故事。虽然老建筑已湮没在时间的长河中,只有点位在,但菜品存续下来,找个饭馆吃到荷叶肉,名同味美,满足了心愿。

# 挡口硬菜

清代诗人孙兆桂在《济南竹枝词》中云:"桐月轩中品菜蔬,骚人雅集太轩渠。侬家不住西湖上,偏喜今朝醋熘鱼。"诗中所说的醋熘鱼,就是指糖醋鲤鱼。

糖醋鲤鱼本是鲁西名菜,来源于明代,广泛流行于清代,它在黄河岸边的泺口镇火起来。汇泉楼的名厨彭柯,就是在泺口成名,他第一个用泺口醋,从此以后,糖醋鲤鱼必用泺口醋。

二十世纪三十年代，文艺理论家芮麟看过做糖醋鲤鱼，他在《济南秋色似江南》中写得真实："厨子手里捉了一尾尺多长的活江鲤,走到我们面前,问我们这尾喜欢不喜欢,我们说好的,不料他就在我们面前,提起来把活鱼向地下用力一掼,'着'的一声,把我们吓了一大跳。"他回忆当时看到的情形，讲得生动，不夹杂虚构的成分。

一九五一年，巴金参加中央人民政府北方老根据地访问团华东分团，对山东、皖北和苏北进行慰问。七月二十五日,巴金随第一批访问团成员从上海出发,二十六日,中午十一点多，巴金一行到达济南，同行的还有靳以、方令孺和黄裳等。黄裳写过一篇《记巴金》，记叙他们在济南汇泉楼的情景："在济南，一天中午，我们走到一个地方去吃午饭。这家饭馆很别致，大约也颇有名，可惜记不

起它的名字了。这是一个大园子,外面有围墙,十分破败了,进门以后就远远看到一个很大的水塘,塘侧是一座水阁,看起来是上百年的建筑物了,也许还不止。水阁楼上临窗有十多张桌子,空落落的只有我们两个顾客。坐下来就正好望着那个水塘,倒是十分出色的。济南著名的鲤鱼就养在塘里,这里的名菜就是'××鲤鱼'。"

黄裳是山东青州人，齐鲁是他的家乡，所以来到济南和回家一样，他和巴金品当地美味。可能当时兴奋，忘记饭庄的名字，甚至菜名都没有记住，黄裳用"××鲤鱼"，其实他说的是济南代表菜——糖醋鲤鱼。大家在楼上落座以后，急于想听秦琼的故事。堂倌听着南方口音的来客，以主人的姿态，向他们讲述：秦叔宝的故居在附近，现在坐的水阁，就是当时的"三十六友"结义的"贾家楼"。品济南名吃，而且是在有历史意义的地方，心情特别好。

　　济南历城区有一条贯穿南北的路，南起解放路，北接洪楼南路。这样一条平常的路，有着厚重的人文沉淀，是唯一以历史文化名人命名的马路——闵子骞路。百花公园在闵子骞路东，北靠洪楼小区，是一处以植物花卉景观为主，以喷泉为特点的公园。一些游人和当地市民来此休闲，顺路去鲁菜馆，吃传统的济南菜。我经常在这里和朋友喝酒聊天。鲁菜馆不大，门面对着闵子骞路。小馆的鲁菜地道，拿手菜是九转大肠、糖醋黄河鲤鱼。亲朋好友聚会，按照老济南的说法："倒上酒，上几个挡口的硬菜。"硬菜是上大件的传统说法。酒喝到兴头上，老规矩应上所谓的硬菜，"糖醋黄河鲤鱼"上桌，宴席达到了高潮。

　　糖醋黄河鲤鱼的做法一般是：处理好的鲤鱼内外撒盐腌制，涂上面糊。锅中倒入花生油，烧至七成热，提鱼尾滑入锅中。这时师傅要露真手艺，油温不到火候，鱼尾翘不起来，热过头，外焦里不熟。略炸一会儿，鱼推向锅边成为半圆弧造型，翻过来炸鱼腹部。

　　锅内放花生油烧热，倒入生姜、蒜末，淋上浓口醋。

逼出香味，入清汤、白糖和少许酱油，烧沸勾芡。鱼炸得变成金黄色，然后摆入盘内，浇上糖醋汁，吱啦一声冒着热泡上桌。

郦道元《水经注》记载："泺水出历县故城西南。春秋桓公十八年，公会齐侯于泺也。北流为泺口。"泺口镇北临黄河，做菜用的鲤鱼，大都是黄河中的野生鲤鱼。头尾金黄，一身鳞亮，肉质肥嫩鲜美。《济南府志》记载："黄河之鲤，南阳之蟹，且入食谱。"泺口镇的厨师受地域环境影响，采用活鲤鱼，在当地弄得有些名气，后来传入济南城内。

光绪二十一年（1895），历城县遥墙人刘佩河与另外两人共同出资，租赁江家原秦琼府拴马亭，创办德盛楼饭庄，经营地道的济南菜。清光绪十二年（1886），历城县张公坟庄人张钦投资，在江家池东边租赁陈家的房屋，创办锦盛楼饭庄。这家饭庄以活鱼制作菜肴而闻名，活鱼三吃、糖醋黄河鲤鱼、锅塌蒲菜、糟煎鱼片、拔丝莲子，深受食客喜欢。

两家饭庄临池而存，中间隔着一条不宽的小溪，同行是冤家，两家竞争互不相让。长期斗争，总不免有一方败下来，后来锦盛楼处于劣势，其中自有原因。德盛楼股东是饮食业的行家，受过正规训练，三个股东都熟悉业务，关系相处融洽。他们高薪聘请名厨王志田掌勺，烹制的菜肴味道独特，价格合理，引来顾客上门。锦盛楼店主张钦年纪大，而且有多种疾病缠身，在这样的状态下，难以支撑饭庄的经营，更谈不上有精力和对手斗下去。

一九二七年，张钦有了退出的念头，准备歇业关门。后来经过中间人说和，由德盛楼接管，竞争对手融为一家。两家饭店合并后，筑起一个木桥，增建池北边的二楼饭厅。格局的改变，使营业面积扩大近一倍。

一九三七年，日本入侵，济南沦陷前夕，德盛楼主人预感时局不稳，生意不可能好做了。经过股东商议决定关门。这个时候，刘兴纲、张友笙、陈汉卿、于荫庭等人以八千元买下，创立带有泉字的汇泉楼。

汇泉楼饭庄位置不在繁华闹市中，它在一条小巷深处，菜香不怕巷子深，凭借泉水和厨艺烹饪出的独特味道，赢得食客赞许。一年四季生意兴盛，每天各种身份的客人坐满席位。店伙计肩搭白毛巾，忙着迎来送往，吆喝声充满温暖。

天镜泉在五龙潭公园西南角，又名江家池。明代江浚六世祖江湖在济南安居下来，因为在泉边，故而得名。明万历年间，山东提刑按察副使张鹤鸣，看到泉水清明，如镜子一般，泉边的树木和建筑倒映水中"如天垂镜"，随即将其改名为天镜泉。清道光《济南府志》载道："天镜泉即江家池，方广一亩，可鉴须眉。"天镜泉是五龙潭泉群中的第二大泉，丰水期水势旺盛，从池底冒出一串串水泡，水面呈波纹状。池内青藻摇荡，池水清澈透明，可以看到底，鱼在清波中起伏穿梭。

江家池的主人，后来更换过几个，大家仍然习惯称之为江家池，这条街也因此命名为江家池街。原醴泉居酱园在江家池街路西，和江家池相对，它是济南老酱园。铺房后边罩棚下面的池子，是另一处名泉——醴泉。曾经南北流向的小河，向北注入五龙潭，后来小河用条石盖起来，只留两尺多宽的池面，养了一条大鲤鱼。

汇泉楼以做糖醋活鲤鱼、红烧面筋、活鱼三吃远近闻名。糖醋鲤鱼入盘，头尾高翘，吱啦冒泡发声，呈现跃龙门造型。吃的时候香酥酸甜，皮焦里嫩，鱼肉鲜嫩味美。它还有一绝，吃剩的鱼骨架做汤，称作砸鱼汤。盘中所剩倒入锅内加清汤，把鱼头砸碎，撒上香菜末、青蒜末。胡椒粉放多少，看食客的口味，浇上洑口醋倒入碗中。我有一个朋友是老济南人，每次吃完鱼，他都大声喊服务员"砸鱼汤"，叮嘱多放胡椒粉。

做糖醋黄河鲤鱼，有一样东西替代不了，就是洑口醋。有关洑口醋的记载，可追溯到清代，距今已有三百余年。洑口有一条形成于清代的街巷，名为汇源街，得名于刘会岭创办的汇源醋坊。清咸丰年间，永成醋坊、信诚醋坊也有一定知名度，南北洑口有醋坊十余家。

洑口，古代洑水入济水交汇处，所以叫洑口。洑口明朝时发展成繁华的码头，多地的货物由此转运，木材、药材、毛皮等货物在这里集散。洑口是重要的水陆码头，各地富商大贾聚集，菜馆酒楼布满街市，黄河上楼船往来，气象繁华。清咸丰五年（1855），黄河于河南兰考铜瓦厢决溢改道，冲破原有的河道，改东北走向，在山东境内借大清河入渤海。济南段的黄河是一匹不可驯服的野马，经常泛滥成灾。由于地理位置的原因，泺口变为重镇，黄河航运发达，集市贸易兴盛，镇中商店密集耸立，素有"小济南"的称谓。这种改变形成食醋的制作地，当时有上百家，泺口醋的名气越来越大。

闵子骞路上的鲁菜馆，有几年是我请客的地方。前几天外地来客人，在这里做东请客，点的糖醋黄河鲤鱼、九转大肠，味道不错，吃过的客人都有溢美之词。糖醋黄河鲤鱼是济南名菜，外焦里嫩，甜中带酸，独特的风味极诱人。

# 百年燕喜堂

一年秋天,济南暑气未尽,我去芙蓉街金菊巷东口,看燕喜堂旧址。穿过小巷子,询问一个老人,来到昔日辉煌的老饭庄。

金菊巷过去叫甬元里,甬是小道的意思,元是开始的地方。它取自于《周易》中"元亨利贞"的元字,甬元解读为由小到大、由弱至强的起头。济南金菊巷不长,在翔凤巷北,对于老济南来说,名气很大。这条不过百米的小巷,曾经有过济南的老字号燕喜堂饭庄、咸宜钱庄和英华斋装裱店。当时叫甬元胡同,是古时候文庙官员,从芙蓉街到德王府封官晋爵的必经之路,说走过此路的人可以改变命运,骤然得志。甬元泉是福泉,带来滚滚财气,每个经过此地的达官、商人都要来泉边捧水大饮，求福气高照。

从建筑上看去，小片筒瓦，山墙独立，檐口突出，门口敞亮有台阶。古人说过"宅以门户为冠带"，门是象征户主的地位，在开合中，所记载的是历史与文化。克里斯托夫·武尔夫指出："我们将世界看成图像以及通过图像去认识世界这一基本的认知方式，实际上是以历史文化条件为前提的。"曾经发生过的故事凝固于时间深处，从建筑围合的空间，可以感受当年情景。了解过去的事情，想象是必不可缺的，要以历史与文化方式来感知和理解。

建筑不仅是人类栖居的地方，更是一个时代的写真。每一个窗口流出的灯光，每个门进出的人，使建筑有了不一般的意义。建筑外形割裂空间，与街道搭配形成独

特风格。老建筑是一部大戏，是真实的历史，记下时代的影像。

一九三二年三月，春风吹拂大地绿，南燕剪春风，带来一片春意。燕喜堂选择好季节，在山东商业银行董事董丹如资助下，开张营业，并讨得雅号，示意燕子带来好运气。

过去济南有四大鲁菜馆，其中就有燕喜堂。燕喜堂是两座三进四合院，有两个高大门楼。金菊巷一号为东院，当年是主人住宅，西院十八间餐房，可容纳两百人就餐。

老家历城的燕喜堂饭庄主人赵子俊，十六岁进城，二十岁时到吉元楼饭庄当伙计，又在魁元楼跑堂。他研究各种菜品，熟悉每道菜的制作，对菜品质量要求高。燕喜堂以做鲁菜和汤菜出名，厨师多是高手，大厨侯庆甫、梁继祥继承历下风味，清汤做得色清味鲜，奶汤醇厚。他们以大明湖蒲菜、茭白、鲜莲子和白菜心作汤菜，汤香留在

口中的余味，令老食客们兴趣浓厚，十分赞赏。

赵子俊有自己的人生准则，多年在餐饮行业打拼总结出经验，他说不管做什么，结缘最为重要，无缘一切都行不通。饭庄开业后，他严把原料进货关，使饭菜质高量足，力求薄利多销。招待客人热情周到，让顾客从心里满意。由于燕喜堂菜质量好，服务又好，终日来客很多，买卖兴旺发达，财源滚滚。

燕喜堂饭庄的传统名菜，主要有五星苹果鸡、奶汤鱼肚鲜桃仁、清氽鸭肝、蒲菜炒肉、油爆双脆、奶汤蒲菜、奶汤茭白、炸荷花、琥珀莲子等。老济南有四大菜馆，其中有两家在芙蓉街，一是燕喜堂，二是东鲁饭庄。在繁闹的街头，它们是城市肖像，是时代的缩影。我们面对一条街道不囿于它的老，从名字寻找血脉，每个街道都在书写历史。走过每一段情节，回味一处处细节，为研究城市文化提供真实依据。

有一年在大明湖边，和几个朋友喝趵突泉酒，吃着街边小炒，其中就有蒲菜炒肉。那天喝了许多散啤，大家进入半醉状态，蒲菜炒肉味道至今不忘，烙在记忆中了。

臧克家，是诸城臧家庄人，一九二三年考入济南省立第一师范学校。在此期间，去过燕喜堂，他回忆济南时写过《家乡菜味》，文中说："大明湖里荷花中间，有不少蒲菜，挺着嫩绿的身子，逛过大明湖的游客，往往到岸上的一家饭馆里去吃饭。馆子不大，但有一样菜颇有名，这就是蒲菜炒肉。济南的烤整猪、蒲菜炒肉我都尝过，至今皆有美好的回忆。写到家乡的菜，心里有另一种情味，我的心又回到故乡，回到了自己的青少年时代。"臧克家在燕喜堂吃过蒲菜炒肉，舌尖味道引起怀旧的愁思，读后有一种伤感。

一九三四年八月，郁达夫和妻子王映霞来到济南，拜访好友李守陪，李守陪当时在山东省立高中任教。第二天，夫妻二人在李守陪陪同下，游览趵突泉、黑虎泉和千佛山。中午时，李守陪宴请郁达夫夫妇，在名气较大的燕喜堂。后来李守陪在纪念郁达夫殉难四十周年祭文中写道："我考虑到在济南招待郁达夫夫妇，有三种名产是必须点到的：一是泺口供应的黄河鲤鱼；二是大明湖特产的蒲菜；三是青稻米，小清河种出的粳米。小清河是山泉汇成的河流，灌溉出来的稻米青而发黑，清香无比。产量不多，号为贡米。过去大部分进贡，老百姓是无法得到的。"午饭后，他们离开燕喜堂，从金菊巷北行，经过西更道、曲水亭和百花洲，直奔大明湖。

不论什么食物，不能以好吃和不好吃随便下结论，一些食物经过名人品尝并且题名，便成为名吃，于是有了故事。食材经过情感烘焙与火焰的炙烤，交融结合，创造新的美味。每道菜都是活着的，可从中寻找到历史踪迹，回味食物的经历，也在咂摸时间的滋味。

真实的历史在图像中，我们能从一座老建筑的窗口和大门想象当时的情景。出现一个人，可从他的神情推测其情绪变化，从服饰上找时间背景和以后的命运。我每次去外省开会，遇到祖籍是山东的人，会聚在一起聊齐鲁文化，谈济南大明湖和趵突泉，还有美食。研究城市时代变化依据的资料，无论是档案，还是后人回忆，哪怕是图像，都是在特定时代。从中寻找、发现残留于记忆中的具象，可帮助我们重返历史现场。

有记忆的城市，必须依靠它的历史，从中寻找发展的各个阶段。城市越有特色，就越有丰富的文化支撑，美食是其中重要的一部分，与人们的生活密不可分。济南的各种美食，表现城市的性格和记忆，品尝美味，就是在品味一座城市的历史文化之真味。

# 天下第一蹄

　　一九九一年六月,著名相声演员马季来济南演出,他在部队文工团时和王瑞麟是老朋友,听说王瑞麟继承家族老字号后,非常高兴地为鲁味斋题写店名。更重要的是,鲁味斋扒蹄酥烂脱骨,香而不腻,深受食者喜爱,被大家称赞为"天下第一蹄"。老品牌,老味道,随着时间的变化,后人不断创新,使鲁味斋不仅名扬齐鲁,而且成为济南的风味名吃,参加过"中华老字号故宫过大年"的盛会。

馆驿街,是济南老商埠的街巷,在西圩子墙西侧的永镇门外,东西走向。过去是手工业聚集地,作筛、制笼、料器业、黑白铁、铜锡行有几十家,后来改造成为新街区,名称保留至今。

馆驿街最初出现在文字中,并不是现在的名字,而是一条大道,俗称官道。明洪武九年(1376),布政司、按察司、都司移于历城,这条街设成馆驿,名曰谭城驿,也是传送公文、迎送官员的馆驿,百姓习惯称接官亭。

济南开埠前,从西门出入西圩城都要走永镇门,过迎仙桥(后改称英贤桥),穿行馆驿街。凡是有人赴中原,或北过黄河进京赶考,迎送高官,大都要途经馆驿街。这条街是济南最大的驿站,开了许多马车店、客栈,一天天变得繁华。

乾隆三十六年(1771),《历城县志》将这一带称为"十王殿街"。随后馆驿和十王殿形成街巷,叫馆驿街。《续修历城县志》记载馆驿街:"北走燕冀,东通齐鲁,为济南咽喉重地。"县志的记录,印证历史上馆驿街的辉煌时代。

清朝末期,随着铁路的开通,航运随之兴盛,驿马用得越来越少。一九〇六年,济南开始设立山东邮政管理局,馆驿站彻底废除掉了,逐渐消失,而商业繁荣起来。馆驿街南通经二路和魏家庄等地,西至纬一路和火车站,车马来往不断,非常热闹,人气旺盛,店铺开始增多。

一九二七年,王承君在馆驿街开了一家卖扒鸡的熟食店,叫鲁香斋,当时品种比较单调,只卖扒鸡。一天,儿媳妇生孩子，王承君夫人买了几个做月子汤的生猪蹄，不知为什么，突然找不到了，最后在刚出锅的扒鸡里发现了猪蹄。家人回忆，王承君把猪蹄不小心掺到白条鸡里了，经过油炸和焖煮的猪蹄，味道特殊，家人称赞好吃。猪蹄油炸以后，又经过焖煮，去腥味，又解油腻，皮软肉烂，撕开一条，肉香扑鼻，酱过的猪蹄呈红琥珀色，色泽诱人。王承君买来的猪蹄，虽然没有做成月子汤，却创造出新的美食。由于猪蹄做法与扒鸡一样，便叫作扒蹄。

食材经过制作工艺的改变，使得扒蹄不同于一般猪蹄，口感和味道有了新突破。儿媳带来的福气，让王家人特别高兴。鲁香斋有了新品种，便开始加工猪蹄，深受顾客欢迎，时任山东省政府主席的韩复榘吃后，称赞说好吃。

王承君的侄子王文章，从小受家庭影响，喜欢中医，他没有成为鲁香斋二代传人，但在从医之余，对家传猪蹄的秘方做了改进。他配制的二十四味中药，不仅去腥去腻，还可以脱脂、使肉软烂，起到提香作用。

一九三八年十二月，王文章的儿子王瑞麟生于馆驿街，王瑞麟打小跟着爷爷在鲁香斋干活。一九五六年，王瑞麟参军，在广西军区部队文工团工作。从军十年后，一九六五年，他从部队复员，转业到济南轻工化学厂。一九七九年，王瑞麟到北京出差，在清寒的冬日，看到另一番情景，街头推着三轮卖衣服和生活用品的人，不顾冷风吹打，干劲十足，而且收入可观。北方冬天寒气逼人，商业信息点燃了王瑞麟，如火焰一般烧灼他的内心。他感受到改革开放的春天，认为自己祖传的家业在这个时机必

须重新振兴。

一九八〇年，这是一个难忘的春天，王瑞麟推着三轮，放着油桶制作的煤炉，上面煮着大桶的扒蹄和扒鸡，和爱人张富华重拾祖业。万事开头难，摆摊不分时间早晚，不分晴天和阴雨，只有全力付出。

第二年，王瑞麟有了一定的财富积累，经验也丰富起来，他在经三小纬六路置办了门头。新的起点，必须有新气象，开业时，家人商量以后，决定重新起名字，贴合时代的发展，改为"鲁味斋"。新名字诞生，进入发扬传承鲁味的时代。王瑞麟提出"吃出一根毛，罚款十元钱"的承诺，严把质量关，又有祖传秘方的特殊滋味，鲁味斋赢得消费者的认可。

鲁味斋扒蹄的标准是"酱红琥珀色核桃皮"。生猪蹄选用当地农村散养猪，筋多肉厚，配以鲁味斋祖传二十四味香料秘方，用文火，在老汤中慢炖十小时，使香料发挥到极致，浸入骨头里。而且脱脂工艺做得好，真正的扒蹄是热着用手拿着吃，吃完用清水洗手不用打肥皂就能洗干净。

扒鸡配以鲁味斋祖传二十四味香料，采用古法工艺，祖传秘方去除油脂。慢炖熬制的扒鸡，色泽金黄，吃一口，香气四溢。

老卤酱牛肉，选鲁西南当地优质黄牛，将黄牛腱子肉用祖传秘方文火慢炖，不仅汤汁浓郁，而且营养健康，入口肉质紧密，生香回味。

一九八四年，王剑辉出生，由于父母忙于生意，他养成从小靠自己做事的习惯。家族生意经常听到、看到，不知不觉地受影响，立志要把家业做大。

二〇〇六年，王剑辉大学毕业后回到家族企业，和女友在历山路开办鲁味斋分店。事业越做越大，将分店开了一百多家，遍布济南。

王剑辉学的是计算机网络，经过几年商业的实践经验，他意识到不能抱着传统不放，必须跟随时代的脚步，将老味道继承、发扬光大。他运用所学知识，采取网络化管理，改变传统经营模式。二〇一一年，听说日本出现 POS 秤，能实现电脑控制下对一线联网的多点销售，分店信息实时传输以后，可以实现统一管理。这种秤价格不菲，是普通秤的几十倍。他果断购买这套设施，这一决定，也使鲁味斋成为山东省肉食连锁界第一家配置进口 POS 秤的企业。

王剑辉将鲁味斋推进现代化企业管理模式。二〇一三年，年底时，济南鲁味斋食品有限责任公司正式成立，一个传统的熟食作坊，终于进入现代化公司行列，办理了 QS 管理认证，建立了 ISO9001 质量管理体系。

王剑辉将老字号鲁味斋建立规范化和现代化管理机制，扒蹄荣获山东省非物质文化遗产、济南市十大名吃、济南特产、地方名优小吃、山东名小吃、中华名吃等各种荣誉称号。鲁味斋食品公司则相继荣获山东老字号、山东名优品牌、山东饮食业著名商号、爱心助残捐助先进单位等各种荣誉称号。

"肉烂脱骨不离骨，肥而不腻脱脂香"的鲁味斋扒蹄成为济南代表美食。一个历经三代人的传统美食，发展为现代化的企业，成为老字号的招牌，是泉城不可缺少的老味道。

# 萃华楼的打卤面

早餐，许多地方以面条为主，各地风俗习惯不同，制作工艺各领风骚。面条在我国有上千年历史，可以做正餐，也能当点心吃。我家清晨经常做面条，既方便，又快捷。热油冷锅，葱花爆香，入适量的水，这种吃法俗称炝锅面。

倪瓒开创水墨山水一代画风，与黄公望、吴镇、王蒙并称元代四大画家。其画法格调天真幽淡，以淡泊取胜，胸怀旷达，意趣超逸。我绝没有想到过，画家对美食有研究。他隐居太湖边，在云林堂品美食，并写下《云林堂饮食制度集》这一反映元代无锡饮食风格的烹饪专著。书中写到面条："如午间要吃，清早用盐水搜面团，捺三二十次，以物覆之。少顷，又捺团如前。如此团捺数四，真粉细末捍切。煮法：沸汤内搅动下面，沸透住火，方盖定，再烧略沸，便捞入汁。"大画家讲得有滋有味，美食家干的活，却被画家完成。

倪瓒说的面条做法，现在看只是家常面条，可能在当时技法较新。他说的面条和济南打卤面不一样。萃华楼是一家鲁菜饭庄，两层高建筑格外显眼，宾客接连不断。萃华楼对面是北洋大戏院，建于二十世纪三四十年代，许多表演艺术家如程砚秋、尚小云、荀慧生、毛世来、金少山、马连良、谭富英等，都来北洋大戏院演出。京剧名角儿梅兰芳、马连良唱完戏到萃华楼吃夜宵。那时候萃华楼的菜品，主要有鸡汁海参、油爆双脆、银丝卷、打卤面，名声响亮。

一九一二年，鲁菜大师李长久，出生在济南历城区王舍人镇沙河村。童年时生活贫穷，父亲为了生存下去，踏上闯关

东之路,家里只有母亲和他。十三岁的李长久尚未长大成人,就来到济南济沅村饭店学徒,从此以后,没有离开过餐饮行业。

李长久记住古训,懂得干一行爱一行,跟着师傅们学艺,学成之后,凭着一身功夫,去过好多地方。一九三二年,由大陆、盐业、中南、金城四家银行组成,在上海建立"远东第一高楼"这一标志性建筑。老上海俗话:"看国际饭店,当心帽子落沓。"可见此楼在百姓心目中的高度,"落沓"就是掉了的意思。建筑家邬达克大胆设计,让地基平面呈哑铃状,垂直于静安寺路。它成为接待各国宾客的一流国际酒店。当时招大厨专做鲁菜,后厨管事是济南人,曾经跟李长久一起学徒,在他引荐下,李长久离开家乡到大都市,

去上海国际饭店做过一段时间。

　　北京萃华楼饭庄地处王府井大街，于一九四〇年五月十六日开业，股东马松山、兰鲤庭原来都是东兴楼伙计。他们善于经营，厨艺又特别高超，擅长鲁菜，菜品以"清、鲜、脆、嫩"为主，油爆双脆、清汤燕菜、酱爆鸡丁、净扒鱼翅为主打菜。一九四二年，李长久去北京萃华楼做厨师，在京城几年大开眼界，增加了自己开店的信心。一九四六年，他离开北京，回到家乡济南。看过多处地方，选中经一纬三路北洋大戏院对面，拿出积蓄开了萃华楼。综合多年经验，店中菜品有鸡汁海参、油爆双脆、银丝卷、三不沾、打卤面。李长久做的打卤面与别处味道不一样，师承北京萃华楼主厨的风味。当年梅兰芳先生在北洋大剧院唱完戏，要到萃华楼吃碗打卤面，品尝李长久做的八宝辣椒。

　　食物是情感的载体，餐桌是发生故事的地方，一碗打卤面有着深厚历史。二十世纪二十年代的义盛永、祥顺号，三十年代的兴隆、长茂隆，名气最大的是四十年代的萃华楼。

　　萃华楼打卤面关键是面和高汤，面团软硬适度，饧小半天，面揉光揉圆，"两手均匀地推、压、拉、滚"。面卷在擀面杖上，擀成薄片，叠成长条切面条。

　　饮食是一种文化，来到陌生城市，它是了解当地文化的切入点。几乎天天吃的面条，只有有了深入了解，才能知道它的历史渊源。面条早期有片状和条状的，是将面团托在手上，拉扯成面片下锅。到了魏晋南北朝，面条种类增多。《齐民要术》记载的水引、馎饦，压成韭叶形状。面条的形状最后成为长条。到宋代，汤饼也谓为面条，唐时叫馎饦。元朝出现可久存的挂面，明朝出现拉面、山西刀削面。清朝乾隆年间，又有加入菜焖熟的伊府面，这些都是历史上名气大的面条。五香面、八珍面这两种面条，是把五种和八种动植物原料的细末掺进面中制成，堪称面条中的上品，被戏剧家李渔收录在《闲情偶寄》中。

济南打卤面是泉水打造，因所处地域不同，做出的风格不一样。朱蓉、吴尧说道："城市记忆的客体是由城市不同群体已经和正在书写完整的生命历史，这种历史不仅包括城市中发生的重大事件，也包括城市日常的生活故事，它们共同构成城市所有记忆载体所蕴藏的思想和文化传统。"

一座城市没有老建筑，只有纸上记载的文字，与市民之间保持的联系也将消失。美食却不同，尽管时间在流逝，人的口味随之变化，但它是活着的历史，这是不可能改变的。

打卤面重点在其汤，济南的高汤历来闻名，打卤时，锅内的高汤微开，放进白煮的肘子片、蒸鸡蛋糕片，焯过的笋片、木耳、金针、苔菜心等，加各种佐料。卤子变成淡茶色，撇去上面浮沫，勾上薄芡。这时候面条不早不晚地捞出来，浇上出锅的卤子，即可上桌，品尝美味。

# 离不开九的老字号

洪楼南路有家鲁菜馆，门头不大，菜的味道不错，是我经常招待客人的地方。有一次南方朋友来，我作为东道主宴请远方客人。请客吃饭是件不太简单的事情，要让客人吃好，又能品尝地方特色，留下深刻印象。我小妹夫是老济南人，对洪楼一带熟悉，哪个地方有好吃的，一清二楚。我打电话问请客吃什么，他二话不说，来济南当然吃鲁菜，九转大肠、爆炒腰花、爆鱼芹，他报了几个菜名。说闵子骞有家鲁菜馆，房间舒适，菜做得地道，可以安排在那里。我做了准备功课，吃鲁菜不知背后的文化，等于白吃。

后宰门街的东端接县西巷的拐角处，坐南朝北，有一座砖石结构的小楼，这里创造了经典鲁菜九转大肠。

光绪年间，老板杜氏与邰氏为多年好友，商讨合股，在后宰门兴建九华楼饭庄。当时在后宰门街，九华楼与庆育药店、同元楼饭庄、远兴斋酱园称为四大名店。

　　九华楼于清光绪初年建，是一幢砖石木结构的两层楼，其两层共三间木阁，铺着木地板，南北面各有一两层楼，天井中的泉池，供店里养活鱼用。北楼拱形门楼券门上方，镶嵌楷书题写的"九华楼"石匾，两侧为圆形花棂窗。楼壁上，刻着砖雕和石雕，楼梯挂室外。

老板杜氏对"九"字有感情。九，大写为玖；古代的九，被认为是最大的数字。朱骏声《说文通训定声》说："古人造字以纪数，起于一，极于九，皆指事也。二三四为积画，余皆变化其体。"老板杜氏迷恋于九，做什么都取个九数。他开的店铺，字号离不开九字。

九华楼规模不大，却是藏龙卧虎的地方，厨子个个是高手，拿手的是烹制猪下货。九转大肠，通过红烧大肠改造、演变出的新菜已经很出名，做法别具一格。

有一次，老板杜氏宴请朋友，上了本店的当家菜红烧大肠，客人品尝后，赞不绝口。舞文弄墨的客人大发诗兴，说美味必须与美名相配。"富商杜氏一听，请客人来，就是这个想法。客人几杯酒下肚，情绪燃烧得旺盛，为迎合老板对九的喜好，赞美厨子的手艺，当即脱口而出'九转大肠'。在座的客人听后觉得不错，有人提问，此意出自何典，他说：道家善炼丹术，有'九转仙丹'的说法，吃这样的美肴，好似服'九转'，美好的程度可与仙丹相比。客人们击掌，为之叫绝。"从这以后，九转大肠流传开来，九华楼的名声越来越响。饮食在日常生活中再平常不过了，很少有人关注其背后的东西。有时，一道菜和一座城市紧密相连。

晚上在鲁菜馆，给南方的朋友接风洗尘，三杯酒过后，本土名菜九转大肠上来。这是席上最隆重的仪式，重要的角色登场，它要用自己的鲜明特色，给客人留下美好记忆。我向友人讲述此菜成名过程，复述老故事，晚宴进入高潮。

# 老济南的两家扁食楼

一

水饺被济南人称为扁食，是节日时不可缺少的主食，也是家中待客的美食。济南有俗语"送客饺子，迎客面"，家中有人出门，或送客人踏上旅途，要包饺子送行。因为饺子的形状似古时的元宝，意在希望出门发财，平安顺利。给客人接风的饭必定是面条，寓意经常来往，永葆亲情和友情。

饺子源于古代角子，原名娇耳，是汉族传统面食，距今已有一千八百多年历史。古时饺子别名有牢丸、扁食、饺饵、粉角，饺子起源于东汉时期，为医圣张仲景所创。当时饺子不是主食，张仲景用面皮裹祛寒药，治疗病人耳朵上的冻疮。

民间有"好吃不过饺子"的俗语，每逢新春佳节，饺子是不可缺少的佳肴。南北朝时，馄饨"形如偃月，天下通食"。煮熟饺子以后，捞出来不能单吃，盛在碗里和汤混吃，当时把饺子称为馄饨。这种吃法现在仍然流行，陕西吃饺子，汤里放香菜、葱花、虾皮和韭菜。唐代饺子和如今的饺子差不多，放在盘子里单个吃，也叫偃月形馄饨。

孟元老《东京梦华录》中追忆北宋汴京繁盛的景象，说起市场上有水晶角儿、煎角子，还有驼峰角子。宋代时候，饺子传到了蒙古，蒙古语中饺子读音类似于"扁食"。随着蒙古帝国的征伐，扁食被传送到世界各地。春节吃饺子的习俗在明代已经出现，明代宦官刘若愚的《酌中志》是一部翔实可信的著作，记述了明万历至崇祯初年宫廷的事情。他在宫内多年，身逢耳闻有关皇帝、后妃和内侍的日常生活，将宫中规则以及饮食、服饰记载下来。明代宫廷正月初一五更起，"饮柏椒酒，吃水点心。或暗包银钱一二于内，得之者以卜一岁之吉"。刘若愚所记的点心，就是饺子。

竹枝词是一种诗体，古时流行于巴山楚水和长江中游地区的民歌曲调，经过唐代大诗人白居易、刘禹锡的借鉴与发扬，成为新的文学形式，新颖不俗气，富有生气和活力，通俗易懂，主要反映民风民俗、山川名胜、地方人物。徐北文对济南历史文化的研究贡献很大，是一位地方文史专家。他在《济南竹枝词》中写过一首《扁食》：

*扁食薄皮美馅藏，肉绒细拌蒲丝香。*
*更有揉泥豆腐软，醋酸蒜辣佐君尝。*

蒲菜扁食、茭白扁食和藕馅扁食，过去以熊家和谯家扁食楼最有名。老济南专营扁食的餐馆，名曰扁食楼。周传铭《济南快览》记载："鞭指巷之熊家扁食楼，营业已近百年，扁食具有专长，近由其弟分设于县西巷亦营业而不恶也。"

民间有"金鞭指，银芙蓉"的说法，这条老巷过去西侧是多家小吃店。主巷向西，又分出几条小巷，北起双忠祠街，南止泉城路，西邻高都司巷，东邻省府前街。高都司巷始自明代，据传该街因为有高姓的都司在此居住而得名。巷子两边大都是清代民居，具有北方特色的青砖小瓦。

清末民初，鞭指巷内的熊家扁食楼，当时非常出名，熊家扁食楼服务周

到，掌握顾客的消费心理。扁食入盘坨后不好吃，于是每五个盛一小盘。以吃盘多少论价，算起来方便，不容易粘到一块。

鞭指巷名字的说法有几种，从第一个鞭字，不用多解释，人们理解是和鞭字相关。据档案载录，明朝济南府设立后，鞭指巷附近设有布政司与都司、都察院等衙署。巷子里有一家刘姓都察院都御史，人们叫作刘都宪，此巷有一段时间，被称为刘都宪巷。由于鞭字的原因，还有一种说法，这里聚集多家经营鞭子、缰绳皮革制品的作坊，所以人们称之为鞭子巷。

我在报纸上读过一则传说，"清乾隆皇帝驾临济南，骑马来到鞭子巷南口停住，见巷子里挤满卖马鞭、牛鞭等车马挽具的店铺，便马鞭一指，问身后随行的大臣刘墉：'这街巷何名？'刘墉灵机一动答道：'禀报万岁，这街正如御鞭所指，实为恩幸，可名之为鞭指巷。'从此鞭指巷的名字就在济南叫开。"这个说法有些可信，可史料上没有记载。此传说可能是某个文人酒后一时兴起，围绕"鞭"字编说的故事，以博得大家一笑。过去的鞭子巷，两边都是做生意的店，墙上有很多拴马桩，供商人拴马。

二〇一六年五月，我去看起凤桥。起凤桥街是一条不长的小巷，从东起至西更道，西到了芙蓉街，不过百余米，但它却有着"一桥担两泉"的美誉，起凤桥是小巷的灵魂，如果缺少这座桥，就没有什么意义。起凤桥是济南老城最短的桥，全长不足三米，宽不过两米。青石砌筑而成，桥面的石板被来往的人踩踏磨得光亮。我站在桥中间，望着

桥下的泉水清澈地流动，长着茂盛的水草，如绿色的文字，在叙述历史的故事。沿着水道穿巷过户的泉水，有着江南水乡的韵味。

我拍下一些照片，作为珍贵的记忆。顺路去看鞭指巷，鞭指巷当年的繁华程度要远大于芙蓉街，能够在鞭指巷内居住的，不是一般人家，在清代大部分住户为官僚、富商。民国时期，这里有一些商业店铺，钱庄、布店、旅店、钟表店，还是有昔日繁盛的影子。我读过徐北文的《扁食》，中午想在熊家扁食楼吃蒲菜水饺。

## 乙

老济南西豆腐巷北首，一家不大的铺子，普通的平房，门头不惹人眼。里面的大堂，能容纳七八张桌子，谯家两口子经营小店，不冷清也不火爆，勉强维持。

一九三二年秋天时，梅兰芳先生来济南进德会唱戏，散场时已经深夜，戏迷们沉浸在戏中，兴奋劲尚未散尽，大多数人肚子饿了，需要补充吃夜宵。这个时间，繁闹一天的城市安静下来，大街上游人几乎不见，饭店早已关门歇业，只有谯家店堂灯火明亮，黑夜里灯光在召唤人们前来。戏迷们走进谯家扁食楼，随便吃顿夜宵。不料这家店物美价廉，谯家两口子服务热情，赢得人们的称赞。口说耳听地往下传授，成为流动的活广告，人们注意到谯家扁食楼，也传达给没有来过的人，引起他人的注意。

谯家扁食楼的扁食味道好，传到戏院老板的耳朵里，"第二天夜里，让伙计到谯家扁食楼订了两份扁食。共要

两种口味，菠菜粉条鸡蛋和蒲菜肉。谯掌柜扁食做得好，同时是梅兰芳先生的戏迷，他做好扁食后，亲自给送去了。后来谯掌柜去戏院听梅兰芳先生的戏，戏散后拜会梅先生。梅先生说谯家水饺好吃，皮薄馅多，而且口感不错。并表示以后再来济南唱戏，一定多品谯家扁食。"梅兰芳先生是京剧表演艺术大师，他的话可谓影响巨大，消息很快传出去，谯家买卖火起来。

二十世纪三十年代至五十年代，徐北文是谯家扁食楼的常客。九十年代初，他写了一篇回忆文章《闲话谯家扁食楼》："出售的食物主要是水饺。馅分两大类，肉馅与菜馅。肉馅可加拌少许青菜，如蒲菜肉、韭菜肉、西葫芦肉；菜馅则为菠菜粉条，但是可以按顾客意见，加几个鸡蛋以调剂。水饺的特点是皮薄馅多，精粉面皮儿既有韧性又滑又软，甚至可以透过皮儿看出里面的馅儿是荤是素。当时

的水饺以个数计价,这里的水饺比旁处的馅多个大,但价格与旁处相同。"徐北文为谯家扁食楼写了纪实的文字,为我们勾勒出真实的历史,不是翔实的资料,而是亲身经历过的事情。他目的不在颂扬任何人,只是如实地记下特定时代和环境里的生活状况。徐北文为此题写了对联:"齐珍鲁味老字号,含英咀华美食家。"他对谯家扁食楼评价极高。

济南的两家扁食楼,做出的扁食远近闻名,令人赞不绝口。济南称水饺为扁食,我不太习惯这个叫法,尽管来到山东近四十年仍无法改口。一个人不管离开家乡多远,即使在外漂泊一生,舌尖上的味道仍流淌在血脉中,永远不可能消失。扁食,仍是最爱。

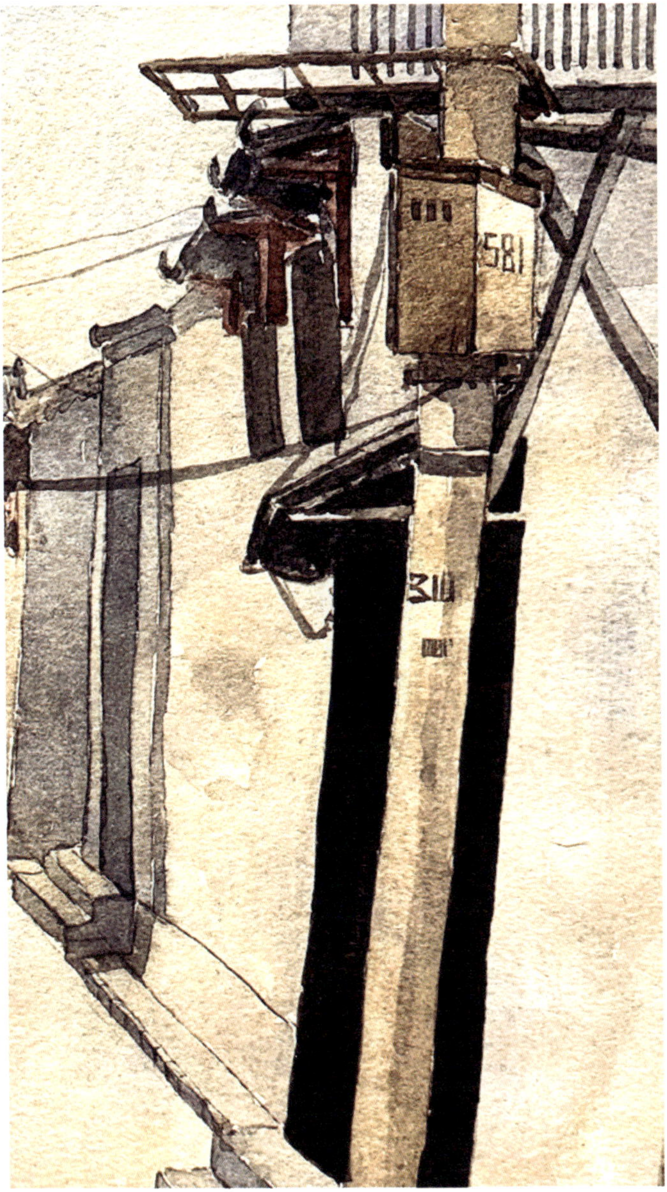

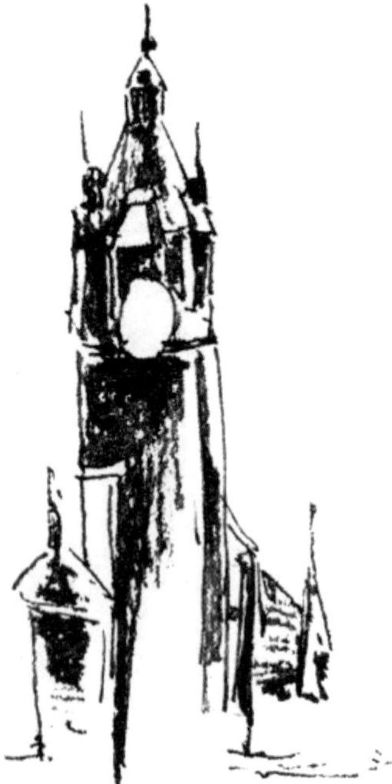

# 一箸脆思 蒲菜嫩

第二辑

# 一箸脆思蒲菜嫩

济南菜讲究清汤、奶汤，清浊界线分明，两汤制作的菜品繁多，被列为高档宴席的珍馔美味。俗话说："济南的汤，赛过马连良的腔。"加入汤，蒲菜脆嫩鲜香倍增，入口感觉清淡。奶汤蒲菜是高档宴席汤菜，被誉为"济南第一汤菜"。

马连良是京剧三大家之一，扶风社的招牌人物，他开创的马派艺术影响深远，是我国京剧里程碑式的代表人物。拿这么重要的人物和济南的汤对比，可见人们对汤的重视。

刘凤诰曾题写名联："四面荷花三面柳，一城山色半城湖。"以泉水著称的济南，景物柔美，"半城湖"表达精准，字字生动。天下蒲菜之美，莫过于淮安天后宫与济南大明湖。蒲菜大都为水泽野生，把其作为蔬菜吃的地方不多，大明湖里的蒲菜，被视为珍蔬。夏季时，青绿色波浪起伏不定的湖水中，生长蓬勃的蒲子，抬眼望去，翠绿好似流淌出来，绿到了极致。每年四五月蒲子长大，齐根截取，剪去上部绿叶，留下蒲白部分，卖时捆成一扎。剥去外层老叶，切成寸段，就可以下锅。

二十世纪九十年代，大明湖边有家鲁菜馆，有一次东北来客人，在这里为他们摆接风宴。我请文友作陪，他是济南人，对泉城的文史了如指掌，作为全权代表，说来济南一定要喝奶汤蒲菜，在别的地方没有，即使有味道也不

一样。

　　朋友说起大明湖蒲菜的历史,说不能用一"好"字表达,历代文人墨客都留下过赞美诗。他点燃一支烟,沉在对往事的回忆中。

　　一九三四年八月十二日,清晨七点钟,郁达夫坐上火车,有妻子相伴,两个人的旅途不会寂寞,对于刘鹗笔下的《老残游记》中的泉城,郁达夫一直感兴趣。况且马上可以见到离别多年的老朋友。他从车窗向外望去,大地上的村庄,生长旺盛的麦子地,乡路上走去的农人,这一切冲撞着心,他有了想写东西的冲动。

　　郁达夫夫妇离开青岛,乘十一小时火车,在傍晚六时前到达济南。当天下过一场大雨,路上积水。这天晚上,郁达夫夫妇住在平浦宾馆。

　　八月十三日,旧历七月初四,早晨起床后,空气湿润,是外出游玩的好天气。郁达夫夫妇拜访友人李守章夫妇，在他们陪同下，游览趵突泉、金线泉、黑虎泉、千佛山几处名胜。中午时分，两家人在院西大街南方饭馆聚餐，饭后从历城学宫之东，到了大明湖。据史料记载，历城学宫发生过一件事情，有一天闵子骞在给学生上课时，突然昏倒，不久便死去。万历四十三年（1615）山东巡抚王雅量写有《重修学宫碑记》，郁达夫应该听说过，或读过这方面的资料。他们从这里经过，顺路游览。在朋友陪同下，游完大明湖后，郁达夫一家赶至火车站，坐五点零五分的快车离开。

郁达夫记叙游玩经历时说："只有蒲菜、莲蓬的味道，的确还鲜，也无怪乎居民竞相侵占，要把大明湖改变作大明村了。"他品过鲜蒲菜，觉得口感不错。

一九三七年，老舍在《大明湖之春》中写道："那么大明湖的蒲菜、茭白、白花藕，还真许是它驰名天下的重要原因呢。不论怎么说吧，这些东西既都是水产，多少总带着些南国风味；在夏天，青菜挑子上带着一束束的大白莲花出卖，在北方大概只有济南能这么'阔气'。"老舍生长在京城，见过大世面，也觉得蒲菜有个性。带引号的"阔气"，按照济南话说是"杠赛来"。据学者考证，"赛"源于蒙古语，元朝时来济南的蒙古人在此定居生活，在不同地域文化的交融中，"赛"被济南人接受，随之变成日常用语。

一九三四年十二月，在上海的艾芜进入苦闷期，创作上的苦恼是其一，又有"左联"内部的宗派纠纷，他不想卷入这种斗争中。他在四川省立第一师范学校的同学肖寄

语，当时正在济南教书，在盛情邀请之下，艾芜和新婚的妻子蕾嘉离开上海，来到了济南。肖寄语热情接待艾芜和蕾嘉，安排他们住在南关得胜街二十四号寓所内，直到第二年。

艾芜没有来济南以前，读过《老残游记》中"家家泉水，户户垂杨，比江南风景，觉得更为有趣"风俗画般的描述，济南对他有着强大的吸引力，所以到了以后，艾芜和蕾嘉先去看了第一名泉——趵突泉，又去看大明湖，他在《大明湖》中写道："整个湖面，已被许多小堤，切成田亩似的水塘了。"艾芜望着湖水，从田的形式推断，可能利用大片积湖水，在夏天栽种蒲菜类植物。

作家笔下的记录，在时间中成为历史证据。朋友讲完这段意犹未尽，菜已经上来，蒲菜炒肉片。大家品尝，感觉味道不错，东北不吃这种菜，也没有听说过，蒲菜让人开了眼界。朋友接着介绍，奶汤是历下风味中的主要菜品，乳白色的汤浓而不腻，食欲诱人。

大明湖蒲菜嚼起来无渣滓，其味不浓，又有蒲香味。一九二七年，周世铭写的《济南快览》云："大明湖之蒲菜，其形似茭，其味似笋，遍植湖中，为北数省植物菜类之珍品。"这句话不假，大明湖蒲菜是济南的特产，菜味清鲜，菜白质嫩。一九六六年，湖中投放草食鱼类及清挖湖泥，使湖区水生植物差不多消失。现在菜市上的蒲菜，多产于郊区浅水滩处，没法和大明湖相比较。

我国吃蒲菜有三千年历史，《诗经》中已有记载。到了宋代，就很少有人吃了，苏颂《图经本草》中说："蒲，今人罕有食者。"明朝顾过诗曰："一箸脆思蒲菜嫩，满盘鲜忆鲤鱼香。"南齐诗人谢朓与谢灵运世称"大小谢"。受谢灵运影响，谢朓多以山水诗词见长，他喜欢吃蒲菜，写过《咏蒲》诗：

> 离离水上蒲，结水散为珠。
> 间厕秋菡萏，出入春凫雏。
> 初萌实雕俎，暮蕊杂椒涂。
> 所悲塘上曲，遂铄黄金躯。

水上繁盛的香蒲，叶子随风摇曳，似无可依。风儿吹过，湖水荡漾起来，水滴似珠子一般散落。诗人以香蒲的优美姿态，比喻甄夫人，对其不如意的命运表示同情。

夏莲居，山东郓城人，是清朝云南提督夏辛酉长子，清末曾任山东团练副大臣。辛亥革命中被公推为山东省各界联合会会长，并宣告山东独立。他在济南十四年，居住过多处地方，最后住西门东流水附近。只要有闲空，便和友人欣赏湖光水影，从古到今无所不谈，无不评论。有时自己租条船，去大明湖游玩，欣赏沿路的荷花和蒲草，看着水鸟疾飞，也是一种享受。他写大明湖及其他风景的诗作结集为《明湖片影》，其中有一首《湖居》：

十步回廊三百湖，湖东种藕西栽蒲。

采莲艇子无人弄，斜系弯弯柳一株。

从夏莲居诗中，可见当时大明湖的蒲菜名气之大。大明湖由众多泉水汇集而成，所产蒲菜，能做出极佳菜品。

蒲菜，俗称草芽，为香蒲嫩茎。江苏淮安地区称蒲菜，又称抗金菜。南宋建炎五年，金国十万精兵攻打淮安城时，梁红玉领兵镇守淮安被金兵长期围困，在内无粮草、外无军援情况下，偶然发现马食蒲茎，便取蒲菜代食，解决粮食尽绝困境，军民同心协力，终于打败金兵。

奶汤蒲菜以大明湖的鲜蒲菜，配苔菜花、冬菇、火腿片加奶汤烹制而成。大明湖蒲菜吃法多样，同元楼卖的蒲菜猪肉灌汤包，在老济南是招牌小吃。出笼的热包子，用鲜荷叶打包，回到家中解开包，荷香和蒲香扑鼻而来。

大明湖岸上翠柳垂荫，轻盈柔美，湖中水波荡漾，荷花飘香。不小心进入荷花深处，把船划出去，惊起一群水鸟。画舫缓慢前行，远处楼台亭榭时隐时现。乾隆年间《历城县志》记载："湖光浩渺，山色遥连，夏挹荷浪，春色扬烟，荡舟其中，如游香国，箫鼓助其远韵，固江北之独胜也。"郦道元《水经注》称大明湖为"历水陂"，唐时又称莲子湖。北宋文学家曾巩称之为"西湖""北湖"。金代文学家元好问在《济南行记》中始称"大明湖"。

厨师拿煮过清汤的鸡、鸭、猪肘子，剔除肉，留用骨头，同原料入清水煮。必须是旺火，煮两小时之后，水煠去大半，汤汁熬成乳白色黏稠状。捞出已成烂泥的肉，原料净布过滤，兑入清汤，这就是美味的奶汤了。

大厨烹制菜肴时，拿清汤或奶汤调味，颜色与味道并存，又富含营养。用清汤和奶汤制作汤菜，成为济南菜的特色。奶汤蒲菜在明清时名气极大，是宴席高档汤菜。蒲菜又叫蒲笋，是多年生植物香蒲的茎，剥皮后可作蔬菜。大明湖出产的蒲菜品相好，细嫩而洁白，味道清香。王贤仪《辙环杂录》中云："历下有四美蔬，春前新韭，秋晚寒菘，夏蒲茭根，冬畦苔菜。"王贤仪称历下的四种蔬菜为"四美"，对平常菜评价极高，说明四菜在人们心中的地位。蒲菜长于浅水湖中，却变成高贵菜。

说起济南美食，必谈大明湖奶汤蒲菜。此汤菜脆嫩鲜香倍增，入口清淡，素有"济南汤菜之冠"美誉，至今人人皆知，成为鲁菜名品。蒲菜营养价值丰富，具有清凉解毒功效，也有凉血、利水以及消肿等功能。夏季时食用，能解除烦闷感。

每次外省朋友来，请他们吃饭时，尽量在鲁菜馆，每次必品尝奶汤蒲菜。尽管有些地方也吃蒲菜，但不是济南泉水滋养的，味道没法比。

# 谁知个中滋味

　　研究中国食物史的日本学者筱田统，写了一篇文章《豆腐考》。他查阅宋代和以前的各类农书，又翻找唐代各种资料，均不见关于豆腐的著录，在陶谷《清异录》中发现了有关豆腐的记载："时戢为青阳丞，洁己勤民，肉味不给，日市豆腐数个。邑人呼豆腐为'小宰羊'。"筱田统据文献与相关资料推知，豆腐成为肉类的替代品，是在五代后期至宋初时期，似已普遍食用。以后，豆腐的记载大见增加。筱田统梳理出一个清晰的图谱，不仅付出了时间，而且凝聚着他的情感。

　　济南人好吃豆腐，也讲究做法，有一道锅塌豆腐，成菜为深黄色，入口鲜香。早在明代，济南就有锅塌豆腐，到了清乾隆年间成为宫廷菜，随后传入天津、北京及上海各地。过去饭庄的锅塌豆腐可是名菜，豆腐切骰子块，鸡蛋清和蛋黄分开，各入一碗中，蛋清里放入切碎的海米、淀粉和盐打至发黏，蛋黄加面粉调糊。豆腐块铺盘中抹蛋清海米，另一些豆腐块盖上，入笼小火蒸。取出后浇蛋黄糊，入油锅里煎，两面煎微黄，放高汤、清酱油和料酒，焖至汁尽。

盛百二在《听泉斋记》中说："历下之泉甲海内，著名者七十二，名存不著者五十九，其他无名者奚啻百数。"济南的地质和水文条件分不开，南面是鲁中丘陵，北面是华北平原。丘陵地区四亿年以前形成厚层石灰岩，多泉水，水质清澈而透亮，不同于其他的水。泉水保证豆腐质量，做出的豆腐白嫩细腻，非常好吃。

东双龙街从北端起是泺源大街，南头到了齐鲁医院，西双龙街北头为泺源大街，南端是南新街。最早的时候，两条街不叫这个名字，而是东豆腐巷和西豆腐巷。

据说在明代之前，现在的泺源大街以南，是大面积的农田和村庄。有一天，有个姓窦的人在趵突泉南面的田野搭建棚子，开始种黄豆。秋天收获后，他用黄豆和趵突泉水做豆腐。由于泉水的水质好，豆腐味道也好，城里许多人慕名而来，广为传播，影响越来越大。

窦家人的豆腐出名，也因为做豆腐成为富户。有些人看中这项产业，便来到窦家附近，跟着种黄豆和做豆腐。窦家带动地方经济，聚集的人渐渐多起来，就形成小村落。村里家家做豆腐，两条主要街巷就称为东豆腐巷、西豆腐巷。

道光四年（1824），梁章钜调署江苏按察使。第二年，他在管理盘运漕粮总局时，将滞漕两百万石米运渡黄河北上，节省银两三十二万，随后升任山东按察使。

梁章钜在《楹联丛话》中写道："济南大明湖前有汇泉寺，中有薛荔馆，面湖而立，为游人宴集之所……"有一天，梁章钜与山东学政龚守正、布政使讷尔经额、运使恩特亨额、济南府太守钟祥一起，应历城县令侯夔堂之请，到薛荔馆赴宴。"食半，忽各进一小碟，每碟二方块，食之甚佳，众皆愕然，不辨为何物。理亭曰：'此豆腐耳。'"直到晚年，梁章钜仍然念念不忘早年在薛荔馆吃过的豆腐。虽然他年老卧病，在南方素有"东南山水甲天下"美誉的温州生活，但还是会想起济南东、西豆腐巷的豆腐，"每每触思此味，则馋涎辄不可耐。"张廉明在《"锅塌"与"锅塌"》中分析说："梁章钜一百多年前在济南吃过的美味，

就是'锅塔豆腐'。"此菜做法不复杂，先将豆腐切长块，入热油炸黄；再一切为二，在切开处挖空豆腐，填入调味后的鸡脯肉泥，然后用淀粉糊封口，放入锅中煎，烹入葱椒汁即成。清末民初，酒席的形式发生变化，宴席流行大盘，而且改为圆桌。由于形式转变，此菜随之发生变化，由锅塔改为锅塌。

日本汉学家奥野信太郎，一九三六年赴中国留学，一九四四年任辅仁大学教授。他在谈北京小吃时说："表现小吃的词语不必是'美味'，但必须是'风味'。当然，还应该从'风味'这个意义上进一步引申出去。要是在用味蕾品尝这种小吃的时候，脑海里能联想起一个个生活场

景片段的话，那就更加切合'小吃'深层的意境了。"每次回济南，坐一路公交车到舜井街下车，去逛泉城路新华书店，在里面看书，出来时到午饭时间，就在附近饭馆享受风味小吃。当时有家小馆子，门面不大，只有几张桌子。只要碰上饭点必上这家，花钱不多，口味适合，他家锅塌豆腐好吃。在各地吃过多种豆腐菜，总觉得不如这家的味道，可能是心理作用。

我国是豆腐发祥地。相传西汉淮南王刘安的母亲好吃黄豆，有一次，因病不能吃黄豆，刘安心疼母亲，就命人把黄豆磨成粉。又怕干粉呛嗓子，便冲水熬成豆乳，放些盐卤，结果凝固成块状，就是豆腐花。刘安母亲吃后高兴，病情很快转好，于是豆腐流传下来。朱熹诗曰："种豆豆苗稀，力竭心已腐。早知淮王术，安坐获泉布。"并自注"世传豆腐本为淮南王术"。

豆腐这个普通的食物，其制作方法，在明代以后的古书中多有收录。李时珍《本草纲目》中，对豆腐制法，还有对凝固剂的使用说得清楚。吴氏《墨娥山录》中曰："凡做豆腐，每黄豆一升，入绿豆一合，用卤水点就，煮时甚筋韧，秘之又秘。"他的意思是做豆腐时，在黄豆中加入十分之一绿豆，做出来的豆腐有韧性。苏秉衡写的《豆腐诗》曰：

> 传得淮南术最佳，皮肤褪尽见精华。
> 一轮磨上流琼液，百沸汤中滚雪花。
> 瓦缶浸来蟾有影，金刀剖破玉无瑕。
> 个中滋味谁知得，多在僧家与道家。

诗人描绘了豆腐的历史和由来，刻画得生动逼真，让人回味无穷。豆腐是我国传统大众化美食，历代文人墨客对豆腐有感情，写下不少诗文为人们传诵。老百姓常说："吃肉不如吃豆腐。"豆腐制作工艺简单，营养丰富，而且易消化，深受人们喜爱。

美食家汪曾祺对家乡的"汪豆腐"很赞赏，他在文章中写道："'汪豆腐'好像是我的家乡菜。豆腐切成指甲盖大的小薄片，推入虾子酱油汤中，滚几开，勾薄芡，盛大碗中，浇一勺熟猪油，即得，叫作'汪豆腐'。大概因为上面泛着一层油用勺舀了吃。吃时要小心，不能性急，因为很烫。滚开的豆腐，上面又是滚开的油，吃急了会烫坏舌头。我的家乡人喜欢吃烫的东西，语云：'一烫抵三鲜。'乡下人家来了客，

大都做一个'汪豆腐'应急。"汪曾祺把他家乡的豆腐写得有滋有味，但济南的锅塌豆腐，以其个性，也博得食者赞颂。每逢旅游季节，外地的游客来济南，自然要品尝独特地域产生的美食。许多人从网上看到济南的锅塌豆腐，自然要亲口尝一下，在品尝中回味其中深藏的历史。

作家林海音说："有中国人的地方就有豆腐。做汤做菜，配荤配素，无不适宜。苦辣酸甜，随心所欲。"作家说得朴素而准确，豆腐在国人心中地位特殊，不管在什么地方，舌尖永是故乡，这是一生不能改变的。在外地他乡的济南人，回想起锅塌豆腐，都有别样的情感，因为它藏在心灵深处。

# 大米干饭把子肉

到济南不吃大米干饭把子肉，等于没来过一样，它是大众美食。把子肉的做法是选取五花猪肉，洗净之后，用细麻绳捆好，主要怕煮熟瘦肉脱落，所以叫把子肉。捆好的肉放进酱油中炖，油渗进汤里，肉肥吃时不觉腻。热白米饭盛好浇上肉汤，把子肉下饭可口。

现在济南大街小巷，不管店铺或流动摊贩，都写着大米干饭把子肉。山东很多城市有大米干饭把子肉，不久前小区附近一家小店，就叫大米干饭把子肉。也可来料加工，付加工费。我时常去吃，坐在临窗位置，望着街头来往的人流和车辆。店里人不多，想起多年前和赵雪松逛完书店，肚子里饿空，吃大米干饭把子肉的情景，现在已找不到当

年感觉。火候差不多，瓦罐蒸出热气，老板打开坛子，肉香弥漫空中。等候的人们端着一碗大米干饭，趁热连肉带汁浇上，就着汤汁咽下去。把子肉嚼化，回味浓香的滋味。

过去万紫巷附近有一片义地，东面水湾旁边是空地。这里不是繁华的地方，不必税捐，附近农民和商贩来此交易，时间一长，形成固定集市。

一九〇四年，胶济铁路建成通车，济南火车站一带，

流动人口增多，热闹起来。当时德国人要求清政府在新辟的商埠划出一块领事驻地，为西洋人专用商场。清政府将这块自发的市场让给德国人，满足他们各种要求，从此以后，万紫巷便成为中西贸易场所。

市场繁荣发展，商贩建起店铺，从流动摊点变成固定经营的地方，因靠近大水湾，人们给这条街巷取名湾子巷。一九一〇年，湾子巷交给德国人后，取湾子的谐音，改名

为万字巷。后来，万字巷成为日本人的势力范围，他们将万字巷改名为鹤字巷，在商场内开设二十余家洋行、妓院以及大烟馆。日本投降以后，政府接管商场，恢复万字巷称谓。后来人们取万紫千红之意，改为万紫巷沿用至今。

　　清光绪年间，年轻人赵殿龙在万字巷一带摆摊，卖大米干饭把子肉。生意不错，有大量回头客，而后传给他儿子，父子经过多年的苦心经营，将大米干饭把子肉做成名吃。

　　赵家干饭铺大米干饭把子肉，吃一次回味几天，它的配方独特，灵魂在酱油上。酱油在阳光下暴晒渗出盐渍，搅匀再晒。一缸酱油晒成半缸，达到使用标准。另一种食材大米，将碎米和沙子挑出来，入锅前洗净。每道工序都很精心。

一九一二年，农历十一月十一，冬日寒冷，阴霾笼罩古老泉城。一阵鞭炮响后，地上落满红色纸屑，带来一缕喜庆。纬十二路繁华区域内，张书翰创办正泰恒饭铺，主营把子肉和米饭。正泰恒饭铺是济南餐饮业名店，凭张书翰多年经验，形成以大米干饭把子肉为主的经营模式。

民国期间，张书翰儿子张效周继承父业，将饭铺迁到万字巷附近，主营大米干饭把子肉，改字号为"正泰恒饭馆"。一九四八年，张效周与丁连仁、刁汝杰等人参股，成立私营企业正泰恒合记，五十年代实行公私合营后，仍主打大米干饭把子肉。

山东大学老校附近有一条小吃街，一些来看洪楼教堂的游客和学生的家长，都顺路来一家卖把子肉的小饭馆，品济南的名吃。我回济南家中时，也经常去这家小馆子吃一顿把子肉解馋。大米干饭把子肉不限于当地名吃，山东各地甚至国内一些地方，都可以看到专营店铺。

# 草包包子荷叶香

提起草包包子，便会勾起老济南人的感情。草包包子是本土面点，至今仍在原址的老字号，有着近百年历史。草包包子是灌汤包，新出笼的包子，薄皮透出内中肉馅，不变形，口感松软。

草包包子主打猪肉灌汤包，以鲜猪肉为原料，配作料制馅，捏出十八道褶，恰似绽放的菊花。包子出笼时，如果脱底冒油，挑拣出来不能上盘。

如果需要带走，用鲜荷叶包裹，热气和荷叶的碰撞，使热包子有别样的清香。多年来，草包包子在济南成为传统的面食，一直得到人们的赞美。

草包包子创始人张文汉，在泺口继镇园饭庄学艺，拜名厨李安为师。他生性憨厚，终日烧火、择菜和干杂活，很少说话，师兄弟送个"草包"绰号。

一九三七年，卢沟桥事变后，张文汉带着家人从泺口搬进济南城内。对于男人来说，养家糊口是大事，起初的时候，他家穷得精光，没有多余的钱。开家包子铺投入不大，要求不高，能养活一家人。他刚迁入城内，人生地不熟的，这么一点投资也是大数目，借都无处借，真是呼天天不应，叫地地不灵，面对眼前的局面毫无办法。

当时有一个中医张书斋，看到张文汉是实在人，便资助他几袋面粉，利用自己的资源帮助他。几天后，张文汉在西门太平寺街南段西开了家包子铺，后来挪到普利街冉家巷口。张文汉开业之前，请张书斋给起个字号，既通俗，又便于张口发音。张书斋瞅着憨厚的人说，"草包"很响亮，容易让人记住不忘。从此，"草包"便成为包子铺的字号。文化学者王学泰指出："中国是个重视名字的国家，不仅在重大的礼乐行政方面如此，在衣食住行等细小问题上也不例外。先秦两汉，主要根据物的原料和加工方法命名，南北朝以后，肴馔命名上出现了许多花样，很普通的食物常被赋予极典雅、美丽的名字，使人闻名而思朵颐。"学者所说在草包包子的名字上得到验证，体现了人的个性以及经营方向。

张文汉做人实在，包子如其人，肉放得多，出笼的猪肉灌汤包，就老醋和大蒜，有不一般的香味，让南来北往的食客回味无穷。草包包子外形美观，汤汁丰富，吃起来口感好，因此在济南叫响了。其实张文汉并不是绰号形容的样子，绰号在他的身上变成赞美，实在是做人的品格，他做包子继承师傅的真传，潜心研究，创出自己的风味。

一九四八年九月，济南战役打响，国民党出动飞机对城里狂轰滥炸，隔壁一家食品店被炸弹击中，山墙倒后砸向包子铺，张文汉当场被压墙下，意外身亡，怀孕六个月的妻子幸免于难。草包包子铺遭遇大灾难，处在艰难困苦时期。尽管后来张文汉的妻子和他生前好友何俊岭将包子铺重新开张，但生意不如从前，勉强维持下来。

一九五六年公私合营，草包包子铺被济南饮食公司接管，后一度改名为"城丰包子铺""安源包子铺"。一九七〇年，董馥生进入草包包子铺当学徒。董馥生任"安源包子铺"经理时注册了"草包"商标，一九九〇年，店铺重新改回了"草包包子铺"的老店名。二〇一一年一月，商务部认定"草包包子"为"中华老字号"，董馥生被评为济南市非物质文化遗产传承人，其女儿董姗姗现为草包包子铺新一代传承人。除包子以外，还经营传统鲁菜，九转大肠、爆炒腰花、奶汤蒲菜、葱爆海参……颇受好评。

二〇二〇年十二月二十二日，我去济南和文友相聚，中午一起去草包包子铺，品尝济南的老味道。身边不时有客人进入，听他们的口音不像济南人，而是一些外地游客，慕名来此吃草包包子。咬一口，皮薄馅香，汤汁浓郁，果真名不虚传。

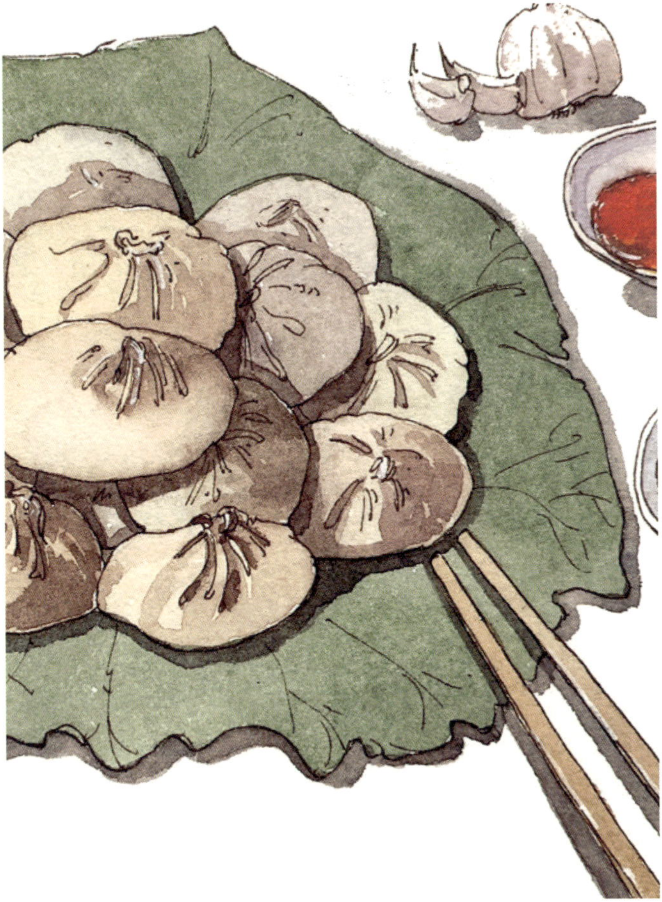

# 鲜嫩带脆炒腰花

爆炒腰花是济南传统名菜，以猪腰为主料，肉质鲜嫩，口味纯正浓厚，滑润不腻，有较高营养价值。爆炒腰花制作有一定难度，要除干净臊味，否则很难吃，对配菜和作料没有过多要求。猪腰子是药食，具有补肾气、消积滞、通膀胱、止消渴之功效。猪腰子也有缺点，胆固醇含量较高。

济南厨子手艺高超，几种蔬菜和腰花爆炒，创造出名菜。古人有吃腰子习俗，高濂《饮馔服食笺》中记录：将猪腰子切开，剔去白膜勔（筋）丝，背面刀界花儿，落滚水微焯，漉起。入油锅一炒，加小料葱花、芫荽、蒜片、椒、姜、酱汁、酒、醋，一烹即起。高濂是浙江杭州人，这是当地人做法。朱彝尊《食宪鸿秘》云：腰子切片，背界花纹，淡酒浸少顷，入滚水微焯，沥起。入油锅爆炒，加葱花、椒末、姜屑、酱油、酒及些许醋烹之，再入韭菜、笋丝、芹菜，俱炒。烹调方法大致相同。爆炒关键是火候，必须用大火，这是济南厨子擅长的技法。

济南炒腰花有讲究，腰子去外膜，从中间切成两半。去净腰臊，切出细斜十字花纹，再切成小块。剞花刀处理是为了适应爆炒，加速热的时间，保证菜的脆嫩。腰花下热油锅，受热而卷曲，十字花纹快速绽开，所以称为腰花。出锅时漂亮的腰花点缀几片荸荠，脆嫩爽口。

袁枚不愧是美食家，在小仓山随园研究各种美食，写出《随园食单》。他对爆火有独特看法："熟物之法，最

重火候。有须武火者,煎炒是也;火弱则物疲矣。有须文火者,煨煮是也,火猛则物枯矣。有先用武火而后用文火者,收汤之物是也;性急则皮焦而里不熟矣。有愈煮愈嫩者,腰子、鸡蛋之类是也。"做菜不是简单的事情,不仅要求技术,更重要的是心性。火候大时必须大,文火时切记不能过火,否则食物枯干,皮焦里不熟。

二〇一四年一月,我在北碚写《梁实秋传》,读过他写炒腰花的文字。从小受祖父影响,梁实秋对熘腰花感受独特。地理环境不同,生长背景迥异,对菜品的感觉自然不会相同。梁实秋认为北方餐馆不善做腰花,大多数不能令人满意,炒过火会变得干硬。有些馆子故意写"南炒腰

花"，实际上有名无实。"炝腰片也不如一般川菜馆或湘菜馆之做得软嫩。炒虾腰本是江浙馆的名菜，能精制细做的已不多见，其他各地餐馆仿制者则更不必论。"他以个人经验，说福州馆子炒腰花过得去，腰块切得大，略划纵横花刀做出滑嫩，而不带血水味。勾出的汁微带甜意。他望着盘中腰花猜想，腰子未过油，而是水氽，下锅爆炒勾汁。

有朋友来，安排好住处，晚上在兴泉举行接风宴。一道道菜上来，朋友吃得高兴，喝的是济南的"白酌"，这是济南老牌白酒。

服务生端上来爆炒腰花，向朋友介绍时，重庆来的客人，伸出筷子停在了空中，犹豫一下。他说长到五十岁，

从未吃过猪腰子，怕那种臊味。我夹一块腰花说，离开济南吃不到正宗爆炒腰花，这是地域文化。他夹起一块送进嘴里。从他的表情看出，腰花味道不错，没有他担心的臊味。随后他吃了不少，第二天，我在一家鲁菜馆，特意点了爆炒腰花。

兴泉宾馆在花园路东段，紧邻洪楼广场。在宾馆窗前望去，能看到教堂双尖顶。朋友在大学教中文，平时写东西，对古建筑有研究。他这次来也为实现心愿，想参观这座德国人建的教堂。

洪家楼教堂是"囤积法"的欧式建筑，法国人把山东省传教权移交给德国人后，德国人派来方济会会士杨恩责任济南教区主教。随后投入资金，购买土地盖房子，发展自己的教徒,加快扩大教区规模。一九〇三年八月十四日,来自德国帕特邦城完成神学课程的杨恩赉,在此成为主教。被任命为济南教区主教后,杨恩赉认为要建造罗马式教堂,并通过各种方式筹集资金。他请来方济会修士,奥地利籍工程师庞盖尔·乔宾设计教堂。

随园老人袁枚说:"凡人请客,相约于三日之前,自有工夫平章百味。"他说接人待客要提前准备好,其间考虑菜式,安排食宿,这条古理不可破坏。

二〇一七年五月,重庆西南大学朋友打电话,说来济南参加学术会。我按随园老人的说法为朋友设计到济南的活动,除了品尝美食,还要游览名胜古迹。美食自然是鲁菜,尤其是济南风味菜。主菜选好了,有糖醋鲤鱼、九转大肠、爆炒腰花、锅塌豆腐、芙蓉鸡片、坛子肉、奶汤蒲菜。再把住处安排妥当,一切照计划来。以前和朋友在西南大学附近老火锅店相聚,谈起济南美食和古建筑,我推荐洪楼教堂,还有爆炒腰花。这次把朋友安排在兴泉宾馆住下,既能品尝美食,又能参观洪楼教堂。

二〇一八年九月十日,"中国菜"正式发布,爆炒腰花被评为"山东十大经典名菜"之一。

# 香不过的老南肠

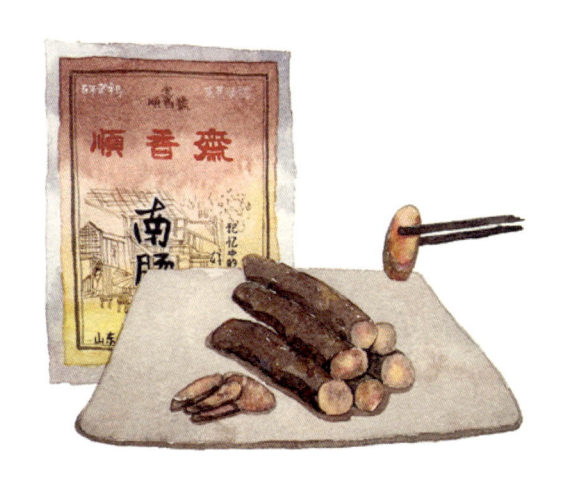

二〇二〇年三月十八日，高杜早市疫情解禁第一天。早饭后，戴好口罩，去关闭一个多月的早市逛逛。

在小区门前接受额温枪测温，街上行人稀少，人们戴着口罩，只留一双眼睛，让人有了安慰。穿越长江一路，看到高杜早市，被眼前的情景惊呆了，一个多月时间，发生这么大的变化。早市原来是开放式的，现在被两米多高的青砖墙围住，大门两旁站着穿防护服的人，给进出的人测体温。

由于第一天解禁，人们大多还不知道，市场里不过几十个人。两旁只有十几个青菜摊，品种不多，不过是芹菜、青椒、茄子和土豆。一家肉摊，窗口上贴着商品介绍，挂有一串黑色莱芜老南肠。

在青菜摊前很快转完，拎着买的青菜，来到肉摊前。当前因为疫情，不能随意进出小区，莱芜老南肠便于保存，可配各种菜，买两斤回家够吃几天的了。

南肠起源于清道光年间，已有一百七十多年历史，它产自莱芜口镇，用当地的"莱芜黑"作为原材料，经过一系列工序制成。

民间广为流传的俗语"香不过的老南肠，赶不尽的莱芜猪"道出老百姓对南肠的喜欢。莱芜香肠，也叫顺香斋南肠，被誉为"肴上肴"，因其用料考究、口味独特而闻名。

我母亲在世时，好吃莱芜老南肠，每次我回家，她从冰箱里拿出两根，切片放在盘中，上屉馏一下。母亲边干这些边对我讲做香肠的人是历城人。我问：你怎么知道的？母亲说听楼上邻居说的，有一本书中介绍过。

苏志廷的祖辈就煮制肴肉、制作南肠，材料多来自南方，因此取名为南肠。苏志廷有商业眼光，做生意不囿于眼前利益，发展是硬道理。他去淄博博山开分号，以扩大影响，扩大销路。

店铺旁有一个药铺，时间一长，苏志廷与药铺老中医相识，两人有缘分，合得来，有共同喜好的话题，对很多事情的看法都接近。苏志廷是好学之人，在日常交流中，学到不少中药知识。有一天中药铺来了病号，一位老人食欲不振，请老中医瞧病，号脉后开药调理脾胃。苏志廷对什么事情都感兴趣，从中得到启发，想把中药加入南肠中，既能治病，又能吃。他和老中医讲了自己的想法，他们研制出顺气通络、健脾胃的方子，添加到南肠中。病人吃了药食南肠，病情好转起来。这副中药方子，成为南肠秘制配方的始祖。

几年经营过后，南肠生意没有什么大的好转，苏志廷遵循古人的话"人挪活，树挪死"，想换个环境经营，也许能带来新的生机。他辗转来到吐丝口（现为口镇）租魏家的房屋，重新开张，称为"顺香斋南肠老店"。吐丝口历来是重要的交通枢纽，来往人员众多。

二〇二〇年六月，妻子回延吉老家参加外甥婚礼，问带什么礼物。我说小区马路对面肉食店，有卖莱芜老南肠的，是济南的名特产。

# 最有故事的一道菜

牛场镇是通往贵阳的交通要道之一，是往来客商的必经之地。牛场镇是丁宝桢的家乡，咸丰三年（1853），三十三岁的丁宝桢考中进士，此后历任翰林院庶吉士、编修、岳州知府、长沙知府和山东巡抚。

同治八年（1869），丁宝桢任山东巡抚时创办尚志书院，人们称为尚志堂。院内有漱玉、金线名泉，教室宽敞，环境舒适，在这里的人学习儒学、地理、天文和算术。尚志堂刊刻的书籍，称尚志堂版，在国内影响很大。丁宝桢不仅办学堂，还创办近代山东最早的官书局——山东书局，《十三经读本》就由他参与校勘。

宫保鸡丁起源于济南,原名酱爆鸡丁,它是丁宝桢的私房菜。"宫保"不是菜名,是因为丁宝桢平定叛乱有功,后封官衔"太子少保",所以称"宫保"。丁宝桢他还是个美食家,对吃特别有研究。晚清时,济南名厨周进臣、刘桂祥等都当过他的家厨。丁宝桢每次宴客,酒席必上酱爆鸡丁,这是他待客不可缺少的硬菜。济南菜酱爆鸡丁,采用鸡腿肉,为了突出口感,添加笋丁或马蹄丁,急火爆炒,保持鸡丁的鲜嫩。客人品尝过后,对此菜十分赞赏,称其匠心独运。

清光绪二年(1876),丁宝桢升为四川总督,他从齐鲁大地的泉城,把酱爆鸡丁带到天府之国。

宫保鸡丁有一说是和贵州胡辣子鸡丁有关系。一九三八年版的《贵阳指南》中有关于宫保鸡丁的记录，认为"惟黔厨调制最精"，是用仔公鸡的腿肉切小块烹饪，入口且烂，色红白美观，味鲜美，并不是大辣。丁宝桢对烹饪颇有研究，他喜欢吃鸡和花生米，嗜好辣椒，这和他生长的背景分不开。原产于中南美洲的辣椒，于十七世纪末至十八世纪初进入贵州，主要在黔东地区。由于当地缺盐，当地少数民族以辣椒代盐。乾隆时期以后，人们为了适应潮湿的天气，"以椒为蔬"，把辣椒作为生活中重要的组成部分，这也是本土文化的象征。

曹雨在研究中认为贵州思州府"土苗以辣代盐"的记载绝不是偶然，因为当地居民在生活中摸索，尝试过各种取代盐的食物，最后无奈选择辣椒："贵州最早有辣椒的记载始于一七二一年（《思州府志》），在西南诸省中最早。而贵州东邻湖南，方志中有辣椒的记载始于一六八四年（《邵阳县志》），仅次于最早的浙江（1671年《山阴县志》）。因此辣椒的传入应该是浙江——湖南——贵州，贵州是传播的重要节点，在贵州，辣椒完成了外来新物种到融入中国饮食中的调味副食的过程。"辣椒的选择使当地的菜也随之发生变化。

宫保鸡丁主料为鸡肉，加以花生米、辣椒烹制。此菜口味鲜嫩，鸡肉和花生香脆，入口鲜辣。丁宝桢后来任四川总督，改良酱爆鸡丁形成新菜。

两个不同地域的文化相遇，产生碰撞。四川没有济南的泉水，四川厨子用岷江、沱江水再创造，加上辣椒、花

生米，又添上酱油、食糖和醋，创造出川味菜，贴上"宫保"标签。

地理学家蓝勇，在西南地区长期进行田野考察，品味巴山蜀水，多年来，致力于对西南地方史中川菜的研究。他在《中国四川菜史》中指出："吴正格先生考证认为更可能是来源于贵州贵阳的丁家鸡，也可能与山东一道酱爆鸡丁有关，早期并不放辣椒。看来，在传统川菜中，宫保鸡丁（肉丁）可能是历史上最富有传奇、最有故事的一道菜。从众多历史故事中，我们可以看出的是这道菜出现在清末民初，来源可能确实与山东、江浙、贵州移民饮食文化有关，可能也与丁宝桢关系密切。"从宫保鸡丁中，可以看出丁宝桢的踪迹史，宫保鸡丁也因此分别带有山东、贵州、四川风味。丁宝桢分别在这三个地方待过,饮食受到了影响。当然这些是推测,无充足的史料证明。

现今在济南的饭店,菜谱上有传统菜酱爆鸡丁,也有宫保鸡丁。老济南的酱爆鸡丁,名字前缺少宫保两字,但味道有个性。

# 会言龙肉不为珍

一百多年前，凤集楼饭店利用瓷坛慢火煨煮，使菜品颜色红润，汤浓而肉烂，肥嫩不腻口，创出济南名菜坛子肉。

王学泰从中华饮食文化的源头研究，在关于陶器的诞生中写道："看来发明陶器的直接目的可能是为了盛水，因为人经常需要水，而水是液体，如无器具则很难把它取到身边。"他对坛的推测判断很精准。

八九千年前，人类对火的使用和熟练掌握，促使陶器诞生。原始人在火与黏土的碰撞中发现，经过火烧之后，黏土变硬，不再走形。人类在漫长的生活中，经过多次摸索发明了陶器。

陶器不仅可以盛水，也使食物快速更新迭代。坛子，指陶土做坯子烧成的器物，食物放在里面不易变质，方便保存。一九三〇年，济南东郊龙山城子崖掘出黑陶片，说明距今四千余年前的新石器时代晚期，制陶工艺已达到高水平。清代济南盛行用瓷坛制肉，名为坛子肉，这和上古人的陶烹有关系。章丘在汉代便是冶铁重镇，出产手工铁锅，制造过程中经过七道冷锻、五道热锻，打造的铁锅不粘。坛子和铁锅材质不一样，传热不同，一个缓慢，一个火爆，当它和食材相遇，两种情感交融发生质的变化，做出的菜味道独特。济南坛子肉，和出现的陶器是否有关呢？坛中放进肉，水的多少，火力度的不同，在炖煮中有了故事。袁枚《随园食单》记载："用小磁钵，将肉切方块，加甜酒、秋油，装大钵内封口，放锅内，下用文火干蒸之。以两支香为度，不用水。秋油与酒之多寡，相肉而行，以盖满肉面为度。"坛下用稻壳作燃料，慢火煨熟，瓷坛密封严实。坛子火候平稳，不易与其他物质发生反应，煨得肉烂汤浓，色泽红润。

济南坛子肉，据传由凤集楼饭店创制，一百多年前，该店大厨拿猪肋条肉，加调味和香料，用瓷坛慢火煨。济南坛子肉做法不复杂，五花肉为主要食材，猪肋肉切成骰子块，投进沸水焯，捞出清水冲净。坛子内放肉块，入各种调料，倒入煮肉原汤，漫过肉块为准，坛口盖严实，防泄气。中火烧开，文火煨几个钟头。经过慢煨色泽成棕红，其味浓厚，汤汁熬得浓稠，肉味香熟。启坛后钻出香气，拣出姜、葱和肉桂，大功告成。宋代释惟清有《偈二首》说道："东坡笑说吃龙肉，舌底那知己燕津。能省燕津真有味，会言龙肉不为珍。"放在这里说坛子肉正合适。

作家陶钝曾在济南学习、工作过多次，时间也很长。一九二一年，二十岁的他考入济南省立第一中学，住在后宰门街小店。每天在这条街上走过，街上有卖什么好吃的，位置在何处，几乎闭着眼睛都能找到。他经常去文升园，花不多的钱可以吃到坛子肉，他曾在回忆中写道："他们的坛子肉真是用坛子炖的。头一天晚上把肉切成方块，装在坛子里，炖到滚开之后，封上火，只留一个小孔，把坛子封上口坐上（不要压灭火），第二天早上来看，肉还是方块，肉汤里油花也很少，用嘴唇就能把肉咬烂，一点肉味不放散，这肉味还不好吗？小店里的住客，谁不去品尝一次？我们这些来考学的学生，会被先来的同乡、同学约到文升园，花不到一块钱请客。"这段文字是坛子肉的真实写照，陶钝亲自品尝，眼见为实，这是最好的证据。一个人面对一道经典菜，心情是复杂的，既享受它独特的美味，也能想到其背后曲折的故事，充满神秘感。我们看到盘中的菜，如同一部电影拉开序幕，随着菜的香气，走进历史中，与那些创造者相逢，听他们说起经历。

　　老济南坛子肉，吃过一次即无法忘记，会再回头品尝。一个人不论走多远，即使口音改变，改变不了的是口味。这是一种文化，潜伏在身体深处，流动在血液中。作家蒋蓝说："可以说，口味是人类最深的瘾癖。"这句话精辟，可用肥厚形容。

# 敢做这道菜的人

我去过济南多家鲁菜馆，菜谱上都有油爆双脆。我不吃鸡肉，只能看着朋友吃，听他们说味道如何，在文字上享受此菜，考证它的历史。

乾隆年间，创作此菜的大厨是怎样灵感一现，将爆猪肚和爆鸡胗食材合二为一，创造出美味的呢？油爆双脆妙在色彩对比，肚头和鸡胗，是红、白两色。济南菜讲究火候，在这道菜上体现得透彻。济南当时有名厨擅长烹制油爆双脆，如百花村饭庄的刘永庆、燕喜堂饭庄的梁继祥、聚丰德饭庄的程学祥。

油爆双脆原名爆双片，因吃在嘴里发出咯吱咯吱的响声，所以称油爆双脆。清代中末期，油爆双脆传至北京、

东北和江苏各地。

二十世纪三十年代，泰丰楼是名噪京都的八大楼之一，过去许多文人笔下有过记载。民国时期，这里是政府官员、银号掌柜、前门大街八大祥的东家以及梨园界名伶宴请宾客的地方，创办人为山东海阳孙氏。清末，孙氏将泰丰楼卖给老乡福山县的孙永利和朱百平。后来几经易手，孙壁光买下来，委派王继唐、吴中山管理全部的业务，后关门歇业。

泰丰楼是老字号，它与丰泽园、新丰楼合称"蓬莱三英"，以鲁菜为主，有烩乌鱼蛋、锅烧鸡、葱烧海参等特色菜品，当然少不了油爆双脆。

张学良在台湾期间，经常与张大千、张群和王新衡交往。他们几人轮流在家中请客，"三张一王转转会"一时成为美谈。张学良喜欢张大千家的川菜，张群是四川华阳人，和张大千一样，对川菜也有与众不同的情感。张学良与赵四小姐也爱去张群家中，品尝川厨手艺。

　　张广武早年在成都私人饭庄做主厨，后来被军阀王陵基看中，成为他家的家厨，烧一手好川菜。一九三九年，张群去成都，王陵基设家宴款待，张群对宴席中的水煮鱼大加赞赏，认为是难得的好手艺，饭后特意见张广武。王陵基是混社会的人，见他俩谈得投机，忍痛割爱，将张广武送给张群做人情。

一九四九年，张广武随同张群来到台湾。张学良夫妇喜欢张广武做的油爆双脆，赵四小姐每次必点这道菜。油爆双脆不属于川菜，艺高人胆大，是张广武从济南菜中借过来的，保留了济南菜的食材，用川料做调味。梁实秋在《爆双脆》中写道："爆双脆是北方山东馆的名菜。可是此地北方馆没有会做爆双脆的。如果你不知天高地厚，进北方馆就点爆双脆，而该北方馆竟不知地厚天高硬敢应这一道菜，结果一定是端上来一盘黑不溜秋的死眉瞪眼的东西，一看就不起眼，入口也嚼不烂，令人败兴。就是在北平东兴楼或致美斋，爆双脆也是称量手艺的菜，利巴头二把刀是不敢动的。"梁实秋走南闯北，经历大小世面，吃过酸甜苦辣。他认为正宗的油爆双脆说起来容易，做法极难。火候的掌控苛刻，少一点不熟，过了则不脆，敢做此菜的人，一定是高手。

闵子骞路上有家鲁菜馆，油爆双脆是标志菜。我每次请文友都点油爆双脆，让客人品尝历下风味的代表菜，也从来没让人失望过。

# 纤手搓成数寻

第三辑

# 酸蘸儿

酸蘸儿，一听让人迷惑，经过济南朋友解读才知，济南话将糖葫芦称为酸蘸儿。因为方言发音，山楂为"酸楂"，叫法有情趣，符合老济南话的风格。李耀曦说道："机灵、俏皮、怪峭、幽默、诙谐、滑稽、脆快等尽在其中。"不同地方对酸蘸儿有不同称谓，北京叫糖葫芦，天津叫糖墩儿，同为齐鲁文化的沿海地区叫其糖球。济南人对酸蘸儿有情感，在老一辈记忆中，吃了酸蘸儿就是过年。

冰糖葫芦是我国北方冬天的传统小吃，起源于南宋，是用竹签穿山楂成串，蘸麦芽糖稀，遇风变硬。

民间口头叙事文学由历史事件、人物及地方风物故事组成。传说既不是真实人物传记，也不是历史事件记录，而是百姓的艺术创作。冰糖葫芦是平常小吃，却能从中寻出历史脚踪。

绍熙年间，宋朝第十二位皇帝赵惇宠爱的黄贵妃病了，她面黄肌瘦，食欲非常差，精神不振。御医即使用贵重药品调理，也没有什么效果。皇帝见爱妃瘦弱无力，脸色难看，整日愁眉不展，无奈之下，只好张榜求医。一个江湖郎中揭榜进宫，为黄贵妃诊脉后说：冰糖与山楂煎，饭前吃五至十枚，不出半月准见好。药方的吃法合乎贵妃口味，按此办法服用，几天后贵妃果然病愈。皇帝看到贵妃回到百媚生的样子，不禁大喜。这个方法后流传民间，老百姓把山楂穿起来，就是冰糖葫芦。

传说把历史人物、事件或自然风物口头一代代传下来。

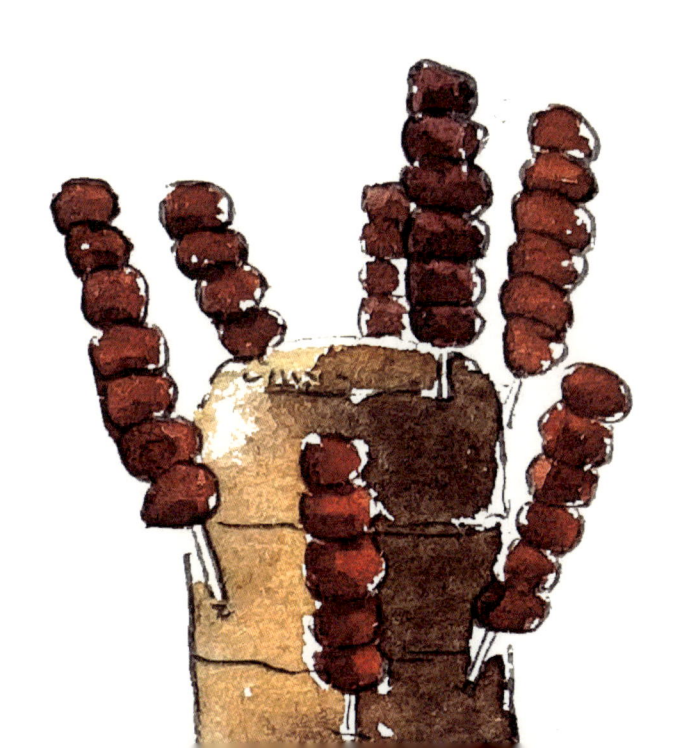

赵汀阳指出："往事在时间中消失，又在历史中存在，在此，时间化为了历史。如果成为精神形态的历史始终在场，那么，过去完成时，历史叙事却不是过去时，而是现在时。只是尚在流传中的历史，就属于现在进行时，是尚未完成甚至永未完成的作文。"菜不仅是美味，更是家乡的地标，由历史和美食构成，地标的高度不可见，但有地域意义。

济南酸蘸儿老字号传承人张正伦，他家手艺有两百多年历史，他在接受记者采访时说："我们家祖传甩糖翅儿的技艺十分罕见，一般人甩不出来，甩糖翅儿的时候一定要手腕发力，力度、角度都要恰到好处。这个甩糖翅儿是个技术活，短时间内学不会，得苦下功夫，熟能生巧。"甩的动作是往外扔，任何人都能做，但任何东西附上文化都有了重要意义。

谚语说："冬练三九，夏练三伏。"技术学会后需要自身修炼，不吃苦难以成大事。熬糖、蘸糖和冷却，工序不多，但要看功夫。第一步熬糖，决定酸蘸儿的成功与失败，冰糖熬制的原材料，由水、冰糖和香油构成。熬制时火候最重要，不到时间，糖会黏牙；火候过大，糖发苦发焦。酸蘸儿吃起来脆甜、糖衣透亮，冰糖火候要恰到好处。正宗冰糖葫芦用的不是竹签，而是用长荆条做芯，"小的三尺一条，大的五六尺"。

陈莲痕《京华春梦录》记载："迫兴阑游倦，买步偕返，则必购相生纸花，乃大串糖葫芦，插于车旁，疾驶过市，途人见之，咸知为厂甸游归也。"富察敦崇《燕京岁时记》云："冰糖葫芦，乃用竹签，贯以山里红、海棠果、葡萄、

麻山药、核桃仁、豆沙等，蘸以冰糖，甜脆而凉。"当时京城茶楼、戏院大街小巷到处可见，成为流行小吃。早些年在北京春节庙会上，厂甸糖葫芦是逛时必吃的美食。梁实秋《雅舍谈吃》中记述："冰糖葫芦以信远斋所制为最精，不用竹签，每一颗山里红或海棠均单个独立，所用之果皆硕大无比，而且干净，放在垫了油纸的纸盒中由客携去。"

　　庙会在唐代已经出现，在寺庙节日或规定日期举行，设在寺庙内或附近，所以人们称庙会。济南千佛山庙会一年两次，一次是春季上巳节，一次是秋季重阳节。元成宗大德年间，千佛山庙会有了规矩，源自汉代习俗，三月上巳日到水边沐浴，叫作"修禊"。庙会是古老的传统民俗文化活动，也是当地一种习俗。

我有一年去千佛山赶庙会，通往山顶的路上，人多拥挤，每个来人心情不同，有踏青游玩的青年男女，拉家带口游玩的人们，也有虔诚教徒，去兴国禅寺上香拜佛。一路上各种摊位众多，还有说书的、唱戏的、拉洋片的，使人玩得不愿离开。清代诗人孙兆桂在《济南竹枝词》中云：

青天开出玉芙蓉，楼阁参差压远峰。
知道游人爱华丽，佛山也是晓妆浓。

诗人在按语中说："千佛山，出南门三里许，秀甲诸山，春时游人甚众。"民间的传统习俗是踏青、登山、逛庙会。春天大地草木有了复苏之欢，空气新鲜，适合踏青。

我们在传承人张正伦的老字号上，买两串酸蘸儿，在品尝中回味历史。美食意味着民俗文化的命运，决定古老习俗是否延续下去、能够存在多久。如果美食享受者能把历史和景观联系起来，那么吃就有了意义。

人文地理学家段义孚指出："对故乡的依恋是人类的一种共同情感。在不同文化中和不同历史时期有所不同。联系越多，情感纽带就越紧密。"一个人离开家乡，只要听到乡音，或品尝家乡小吃，就如同回到了家。

## 油旋,软酥香

初秋的一天,我去看曲水亭街八号路大荒故居。在这个地方,蒲学专家路大荒,耗尽一生精力整理《聊斋全集》《蒲柳泉先生年谱》。

一九五一年,路大荒大女婿买下四合院,路大荒从秋柳园街搬来与女儿同住,好友画家黄宾虹,题名"曲水书巢"。直至一九七二年去世,路大荒也没有离开过,一直居住在这里。他在绿柳环绕的曲水亭畔院落里,度过后半生的二十余年。我们一路走来,寻找路大荒故居,在路边碰上卖油旋的流动摊位。停下脚步,观看中年摊主制作油旋。

剂子擀成长条片，涂一层花生油，抹盐拌的猪油葱泥。卷面片一端，拉住另一边，向外抻的同时卷起，成螺旋状。捏去面头放在鏊子上，用手指压成圆薄饼。烙至微黄，放入炉内烘烤。摁一下油旋中间，压出个凹槽来，形成旋形的油旋。油旋，又叫油旋回，济南传统名吃。外皮酥脆，内瓤柔嫩，圈圈斜着上升，形似螺旋，表面呈金黄色。

相传油旋是清代齐河县徐氏三兄弟去南方闯荡，从南京学会的做法。油旋在南方是甜食，徐氏兄弟回济南改良做法，根据南北口味的不同，为适应北方人的饮食特点，改成咸香味。顾仲编著的《养小录》中这样记载油旋："白面一斤，白糖二两（水化开）入香油四两，和面作剂，擀开。再入油成剂，再擀，如此七次，火上烙之，甚美。"早些时候，老济南人吃油旋，喝米粉或高汤馄饨。清道光年间，凤集楼是较早经营油旋的店家，光绪二十年（1894）开业的文升园饭庄，以经营油旋闻名泉城。

卖油旋不用吆喝，手中的擀面杖敲击案板，发出有节奏的声音。吃油旋的人听到打点声，知道油旋马上做好，趁热买几个。二十世纪五十年代以来，济南打油旋的人越来越少。后来，只剩下聚丰德等两三家店铺。

一九五六年后，聚丰德饭店的油旋深受百姓喜爱，生意很好，每天打多少卖多少。六十年代生活困难时期，掺地瓜面的油旋，没有受原材料影响，每天销售的数量未减少，还是供不应求。油旋是聚丰德饭店的招牌面点，西哈努克亲王访问济南，曾经到聚丰德品尝过油旋。一九五八年，毛泽东主席到济南，品尝过苏将林师傅制作的油旋。

一九五八年的那天上午，苏将林一生也不能忘记。那天，店里经理叮嘱有客人来拿油旋，说话间，两个穿中山装的中年男人走进屋里，来到苏将林和耿师傅身边。苏将林对这阵势有些不解，又不敢多问。来人一句话不说，关注他俩做油旋。二十个油旋做好，他们将每个油旋用透明塑料纸包好带走。十分钟后，经理跑进来，喘着粗气说："报告给你们一个特大喜讯，你们知不知道，你俩刚才打的油旋是送给敬爱的毛主席吃的，他老人家正在济南考察。"苏将林听到自己做的油旋毛主席品尝过，心中的高兴无法用语言表达。他后来听说毛主席当时住的地方，离聚丰德不远，隔着四条马路。

国学大师季羡林老家是临清，他从六岁离开老家，来到济南投奔叔父读私塾，上小学和中学，后来去北京上大学。

一九一八年，季羡林曾先后在济南山东省立第一师范附属小学和新育小学读书，两年间逛遍济南城，喜欢吃油旋。每次山东大学蔡德贵教授去北京，就从济南定做油旋，早上做好，中午赶到北京，让季羡林当天吃上家乡的口味。季老对小吃满意，给张姓店家题字："软酥香，油旋张。"

一九二一年，诸城陶钝，以总分第一的成绩考入山东省立第一中学。一九二三年考入北京大学，毕业后在青岛、济南任教，曾在济南学习、工作过很长时间。一九八四年，他回忆老街后宰门，深情地叙述道："后宰门街西头还有一条弯街，名为辘轳把子街，街上有一个小饭铺，名'文升园'。用这样一个吉利的名字迎接前清的穷举子、后来的穷学生。这饭馆有两样好食品：油旋和坛子肉。他们的油旋又香又酥，到口就碎了。店主人夸口说："先生，您可以试试，五个油旋放在桌子上摞起来，一拳猛击，如果有一个不碎，压扁了，您不用付钱，白吃。'可是我们用筷子敲一个碎一个，不用拳击，就信服了。"商家讲究的是诚信，不能连唬带蒙欺骗客人，否则断自己的生意。陶钝是生活的体验者，不带有任何功利的想法，所有的经历都是真实的，没有虚构的描写。

我父母来济南几十年，有一次和文友周新国聊天，说来济南多年，油旋什么样未见过。几天后，他从芙蓉街买了几个油旋送来，不断地说油旋趁热吃，味道更好。

二〇一七年十月，我母亲患肺癌住进省医院。有一天，小妹夫开车来看她，中午去聚丰德请母亲吃油旋。她兴致很高，一边吃，一边不时地说这是济南名吃。

二〇一八年四月，我逛济南老街。辘轳把子街是一条古老的小巷子，一共二十多米长，宽两米。从东头曲水亭街起，西止于东花墙子街，北面邻泮壁街，南部是涌泉胡同。我们从巷子口往前走一段，看到老式的建筑，马上向右拐，没走出几步远，又向左拐。人们说这弯曲的形状恰似井口汲水的辘轳把子，所以得有此名。辘轳把子街口，有一家"欧阳油旋"，黑底金字，窗口摆着几种油旋，两块五毛钱一个。清暖的春风中，我们买了几个油旋，感受传统小吃。

## 俗称一窝丝

清油盘丝饼相传源自老北京,俗称一窝丝,是济南的传统风味小吃。梁实秋对此饼印象颇深,这样记述吃后的感受:"清油饼实际上不是饼。是细面条盘起来成为一堆,轻轻压按始成饼形,然后下锅连煎带烙,成为焦黄的一坨。外面的脆硬,里面的还是软的。山东馆子最善此道。"

二十世纪三十年代,济南经三纬四路口有家又一新饭馆,以经营清油盘丝饼闻名。饭馆炒菜偏重北京口味,京剧艺术大师梅兰芳和尚小云、奚啸伯,在北洋大戏院唱完戏经常光顾此店。卸下戏妆,过平常人的生活,品尝盘丝饼,与人们交流演出的情景和一些圈子里的趣事。清油盘丝饼呼之清油,指相对荤油而言,它是用花生油煎烙的。盘丝饼的特色是,制作时面抻至极细,盘成圆饼形入油中,半煎半烙。

清油盘丝饼做法精致，拉出数百根细的须面，一圈圈盘成饼状，入鏊子中烙制。吃的时候撒上白糖，讲究的会撂几根青红丝，挤一下饼，金丝散开入口，外焦里嫩。

二十多年前，我和刚结识的文友游大明湖，在附近的小饭馆第一次吃清油盘丝饼。他是个文史通，土生土长的济南人，年纪不大，却号称"老济南"。自那次吃过清油盘丝饼，便留下记忆的味道。他讲述大明湖历史悠久，湖名已有一千四百多年历史。郦道元在《水经注·济水注》中记载："泺水北流为大明湖，西即大明寺，寺东、北两面则湖。"那天要了历下风味的代表菜：水晶藕和蒲菜水饺。看着菜回忆历史，他说金朝诗人元好问与李辅之，两次畅

游大明湖,随即朗诵元好问的词:"荷叶荷花何处好?大明湖上新秋。红妆翠盖木兰舟。江山如画里,人物更风流。千里故人千里月,三年孤负欢游。一尊白酒寄离愁。殷勤桥下水,几日到东州!"词人写出深厚的友情,作为经典被传诵。

母亲知道我喜欢吃盘丝饼,她经常从洪楼南路上一家卖面食的小店里买几个回来。有一次,我去新疆开笔会,济南直达乌鲁木齐的车只有一趟,需要在车上坐三十多个小时,路上得准备食物。我在家中忙着收拾出门的东西,只听门吱扭一声响,向窗外望去,看见母亲向小区外走去。半个多小时后,母亲拎着塑料袋回来,买了十几个清油盘丝饼,让我在路上吃。一个人不管多大,有母亲是幸福的。

# 一碗百年甜沫

甜沫源于豫北地区的豆沫，流传济南后成为名点。甜沫是小米面熬的咸粥，俗称五香甜沫。

泉城二怪是特产美食，一怪为茶汤，由小米炒成，沸水冲即可食用，所以叫茶汤。另一怪是甜沫，味道不甜，其实是咸粥，却叫甜沫。传说是主人做好粥后，便问来客："再添么儿？"其意是说，需不需要再加点粉丝、蔬菜、豆腐丝等辅料，"添么儿"谐音叫为"甜沫"。

一九八三年，我家从东北搬至滨州，举目无亲，只认识文友尹胜利。我俩那时二十多岁，都疯狂迷恋文学。他家在淄博，在这里住单身宿舍。我们常在那间小平房里交流写作，谈托尔斯泰、契诃夫。我沉醉于俄罗斯作家瓦连京·拉斯普京的《活下去，并且要记住》，把这本书从图书馆借出来，爱不释手。当时我在印刷厂工作，靠近厕所有一排平房，中间是图书室。一年四季，门上挂着破苇帘，进出掀开帘子，才能走进图书室。有一次，不小心被边缘的苇子刮一下，胳膊留下红印。凭工会会员证借书，没有想到在书架的角落里发现了《活下去，并且要记住》。我从借的那一刻起，就不打算往回还书。书未开始读，已经想办法找出各种理由，要把此书变成私有物品。

尹胜利在长途汽车站检票，他认识所有的司机，由于工作便利，他请我去看大明湖。我们来到济南已近黄昏，就在大明湖附近找了一家小旅馆住下。第二天清晨，在旅馆门前的摊上，要了类似粥的食物——甜沫。尹胜利说甜沫是济南名吃，也叫五香甜沫，其实是咸味的。休息一夜，清晨喝一碗热甜沫，香气扑鼻，就着烧饼或馃子，一阵哧溜喝嘴里，进入肚中，浑身上下舒服。

有关甜沫的来历，有各种说法。有一说是，明末清初，战乱频仍，大批难民拥入济南，有一家田姓粥铺，经常舍粥，难民互相转告，来喝粥的人越来越多，粥铺难以为继，便在粥内加入大量的菜叶和咸、辣调料。难民见煮粥的大锅内泛着白沫，亲切地称之为"田沫"，就是田老板赈舍的粥。时有一外地来济赶考的落难书生，也来此求粥，食之甜美无比，心想"甜沫"果不虚传。后来书生考取功名做官后，专程来济再喝甜沫时，已无昔日感觉，问原因，老板答确是"田沫"，是"田姓之粥"的意思。书生恍然大悟，原是当初自己只听音而未辨字才误会的。于是题写"甜沫"匾额,并吟诗一首:"错把田沫作沫甜,只因当初历颠连。阅尽人世沧桑味,苦辣之后总是甜。"从此这种带咸味的粥便叫"甜沫"了。民间说法有想象的成分,人们给喜爱的东西,不断增添美好的向往,一代代流传下来。其实也简单易做,粥熬好了,添上点粉条、蔬菜、花生及调料末儿。

  我每次回济南,早饭去门口喝甜沫,再来两根油条或者一个烧饼。我都是买一个老太太做的,她扎着白围裙,弄得干净。摊子上挂的牌子有意思,"济南历史文化小吃甜沫",看上去醒目,吸引来往的人。她做得不是比别人好多少,而是这么大年纪,还在辛勤劳作,买谁的都一样,我买一碗,她挣点养老钱。

# 葱中之王

客居重庆北碚的日子，隔一两天去永辉超市，偶尔到江边农贸市场买菜。卖大葱摊位的牌子上写着章丘大葱，从葱的形象一看就是外来品，不是当地的葱。我每次买章丘大葱，拿在手中时，都会想起黄河岸边的家。

当下物流发达，章丘大葱来到西南北碚不是新鲜事。章丘大葱植株高大似梧桐树状，所以称大梧桐。这种葱，"辣味稍淡，微露清甜，脆嫩可口，葱白很大，适宜久藏"。有一年冬天，文强送我一盒大梧桐，每根高达一米多，葱白长有三分之二，很粗。吴耕民赞美道："世

界上最伟大的葱。"一九八二年出版的《山东特产风味指南》记云："茎长而粗，葱白肥大脆嫩，辣味淡，稍有清甜之味。茎粗三至五厘米，重有一斤多。"明朝一代诗宗李攀龙晚年为了安静，修建第二座读书楼，称为白雪第二楼。此楼在大明湖南岸的百花洲以北碧霞宫附近。白雪第二楼独立水中，四面都是水，而且没有相连的桥，往来只有一只小船摆渡，不论什么人都上不了楼。李攀龙在这里写诗作文，断绝做官的道路，安下心来，过清静的生活。他的爱妾蔡姬在这里照顾他的生活，并创葱味包子，其特点是"欲有葱味而不见葱"。

山东人做菜都离不开大葱。平常家里吃饭，经常用一根生葱蘸甜面酱，煎饼卷大葱更成为一种文化符号。济南菜中缺不了大葱，以葱为调料的美食相当多。

章丘大葱于公元前六百八十一年，由西北传入齐鲁大地，具有三千多年历史。早在公元一五五二年，就被明世宗御封为"葱中之王"，多种古籍对其有载录。山东章丘大葱、陕西华县谷葱、辽宁盖平大葱、北京高脚白大葱、河北隆尧大葱、山东莱芜鸡腿葱、山东寿光八叶齐葱……这一类的大葱适合烹调，辛香味厚。

北碚三月，玉兰花凋谢，西南大学雨僧楼前的紫荆花盛开，引来许多人拍照。下午阳光充足，打开窗子读书，向外望去，看见缙云山上的塔。读梁实秋的《雅舍谈吃》，其中一篇《烤羊肉》写到潍县大葱，从地理位置上讲潍县离青岛近，由于当时交通便利，加上商品的成本关系，青岛人吃潍县大葱合情合理。从另一个角度讲，梁实

秋是大学问家，又是作家，对生活观察得细致，他不可能不知道响当当的章丘大葱。梁实秋在青岛住四年，远离家乡，每次想起北平烤羊肉，馋得口水快要流下来。恰好厚德福饭庄从北平运来大批冷冻羊肉片，他请人在北平定制了一套烤肉支子。运来以后，他在家中大宴朋友，让孩子们去寓所后山拾松塔架炭上，松香浓郁。烤肉配上潍县特产大葱，美味无比，"葱白粗如甘蔗，斜切成片，细嫩而甜。吃得皆大欢喜"。梁实秋的同学张心一的夫人是江苏人，家中不能吃葱蒜。张心一是甘肃人，喜欢吃葱蒜。张心一有一次来青岛，梁实秋尽地主之谊，请他来家中吃便饭，他只要上大葱，别无所欲。梁实秋懂得他的心情，所以备足大葱和家常饼数张。张心一拿饼卷葱，高兴地大吃起来，对于其他菜不感兴趣，吃得一头大汗。

章丘境内地貌多样，自南向北为丘陵、平原、黄河滩区，章丘大葱主要产于中部的平原地区，该范围内地势平坦、土壤肥沃、生态环境优美。大葱主产区土壤以褐土中壤为主，有机质含量丰富，保水保肥能力强，适合作物生长。

至于梁实秋说的是潍县大葱还是章丘大葱不重要。我在北碚经常买章丘大葱。梁实秋来北碚，如果在菜市场买到山东大葱，他也许会问一下：这是潍县大葱，还是章丘大葱？炝锅的葱香味弥漫雅舍里，飘荡在心中。

# 文祖花椒

章丘文祖花椒，在北魏时就有记载，明代嘉靖年间已大量栽植。文祖花椒集中于南部山区高度较低的山脉，空气新鲜，由于海拔的关系，昼夜温差比较大，花椒适合生长。文祖花椒粒大而均匀，椒皮显现鲜红色，果核淡黄，油囊密生，香气浓郁不散，麻味纯正。

我在重庆生活几年，习惯吃花椒。过去家中做菜用五香粉或十三香。现在是两个小瓷瓶，一个装大料，另外一个装文祖花椒。我喜欢这个场景，热锅冷油，锅中油将要起烟，投入文祖花椒粒，在滋啦声中，升腾起一股花椒香味。做菜是一门艺术，也是审美过程。每次去早市，看到调味料区有袋装的花椒，也有货架子上堆的文祖花椒，在很远

的地方就能闻到花椒香味。

二〇二〇年五月十九日，我到江津。以前在重庆生活过几年，一直在北碚，没有来过江津。这里的特产是米花糖、芝麻杆、九叶青花椒。

早在十四世纪的元朝时期，江津就开始种植花椒，美好的名声天下皆知。据说在非洲东部岛国毛里求斯海岸，打捞出一艘三百多年前沉没的荷兰商船，船上发现桶装花椒。没想到在水底这么多年，这桶花椒仍然散发香气，桶上的字隐约可辨：巴蜀江州府。

江津地理位置独特，高山环抱，境内以丘陵和低山为主。这里常年多雨，而且多雾，空气潮湿。江津人做菜，花椒是不可缺少的调味品。花椒干燥成熟的果皮是中药，具有除湿和止痛等多种作用，并且颗粒大，品质好。

花椒最早有文字记载是在诗歌总集《诗经》中，"椒蓼之实，繁衍盈升"。从诗句中可知，我国在两千多年前已经使用花椒了。古代人认为花椒的香气辟邪，一些朝代的宫廷中，花椒掺入涂料用来糊墙壁，椒房就是采取这种方法。西汉未央宫皇后所居殿名，亦称椒室。以椒和泥涂壁，使之温暖中散发芳香，象征多子。

颜师古在研究《汉书》上具有重要的地位，他的注释，体例规范，内容详细丰富，考辨精密确实，对后世有着深远的影响。他对椒房的注解为："椒房殿名，皇后所居也，以椒和泥涂壁，取其温而芳也。"后亦用为后妃的代称。

在发掘的汉墓中，经常有花椒果垫入内棺，考古学者分析，可能起防腐作用，也带有繁衍盈升、多子多孙的意思。河北省满城县发掘的汉代中山王刘胜墓的出土文物中，发现保存良好的花椒。

第二天清晨，空气湿润，走出酒店左拐，我沿路向前走。初次来江津，对街道陌生，不知怎么走，又不想看手机上的地图。随意而行，乍到一个新地方，领略当地的城市风情。

早饭后，朋友开车来，陪同我去陈独秀旧居纪念馆。车子出了城区，路两边出现许多的花椒树林，不愧为花椒之乡。吃了五十多年的花椒，这是初次遇见花椒树。朋友说几江五举沱要看一下，这是长江有名气的一段。

车子停在公路边，离江边有两百多米的石土路上。两边种大面积的花椒树，我走过去，触摸鲜嫩的叶子，看着小粒未成熟的花椒，想象着它们以后成为餐桌上的调味品。路边生长着野胡萝卜、冬葵、喜旱莲子草、南天竹等。

我曾经几次经过章丘，其东北部与滨州市的邹平接壤。知道这里产大葱，文祖花椒名气也很大，经过时从未下车去看花椒树。这次站在花椒树下，看着枝头的椒果，想起章丘文祖街道的鹁鸽崖村，附近一座山谓小虎峪山，那里生长大片大片的花椒树。花椒是当地的特色农产品，是村民收入的主要来源，章丘也被誉为花椒之乡。在家时去早市买菜，卖调料摊上，铺着一块蓝粗布，上面是一堆红花椒，插一块纸牌，写着文祖花椒。

章丘不仅文祖花椒、大葱是名特产品，也出现过许多历史名人。邹衍，战国末期齐国人，主要学说是五行学说，又是稷下学宫著名学者，一句"尽言天事"，被称为"谈天衍"。"千古第一才女"李清照，婉约词派代表，老家就在章丘。李开先，章丘绿原村人，明代杰出的戏曲家、文学家。

　　来江津买当地特产米花糖、芝麻杆，没有买花椒。在我们家乡的早市调料摊位，在远处就能闻到有卖文祖花椒的，其味浓郁，外皮鲜红，让人忍不住就要买一点。

# 大明湖白莲藕

济南有一歇后语："大明湖里的棒槌——白莲藕。"形容准确，品起来有意思，合乎济南人的性格。民间的说法直截了当、痛痛快快。立秋过后，市场上的鲜藕多起来，成为餐桌上常见的菜。

大明湖白莲藕质肥肉嫩，汁水多，而且甜脆，是一种好补品。王贤仪谈到济南风土人情时说："历下有四美蔬，明湖白莲藕，为美蔬之首。"周传铭《济南快览》记载："大明湖之莲藕，其形似纺锤，其味甘甜，遍植湖中，为北方菜类之珍品。"周传铭吃过大明湖白莲藕，对其赞美不绝，评价极高，称之为北方菜中的"珍品"。这可不是轻易妄下结论，是经过实地考察和亲自体验的。

清咸丰年间，莲藕被钦定为贡品。藕原产于印度，后来引入我国。莲藕，属睡莲科植物，莲的根茎肥大有节，中间有管状小孔，折断后有丝相连。藕微甜而脆，可生食，可做菜，藕的根、叶和花可入药。李时珍《本草纲目》中记载："夫藕生于卑污，而洁白自若。质柔而穿坚，居下而有节。孔窍玲珑，丝纶内隐。生于嫩而发为茎、叶、花、实，又复生芽，以续生生之脉。四时可食，令人心欢，可谓灵根矣。"藕不仅有药用功能，也是一种食材。

莲子是一味中药，"甘涩性平，有补脾止泻、清心养神益肾的作用"，中医用其治疗心悸失眠。莲蓬在中国人的心中非常重要，具有圣洁、清净的象征意义，观音盘坐的莲花座中间就是硕大的莲蓬。《古乐府·子夜夏歌》中

有："乘月采芙蓉，夜夜得莲子。"

大明湖里产的白莲藕，肉嫩水多，嚼嘴里无渣滓。在北岸铁公祠之西，有一座古庙藕神祠，其上有一副对联："一盏寒泉荐秋菊，三更画舫穿藕花。"得益于地理环境，藕的质量上乘，远近闻名。大明湖这一带的风俗是，每年大年初一早上，人们来藕神祠上香祭拜，求藕神保佑，以祈莲藕丰收。徐北文先生写有新楹联："是耶非耶，水中仙子荷花影；归去来兮，宋代词宗才女魂。"

我逛大明湖时去过藕神祠，看着对联困惑不解，一代词人李清照，怎么和藕神联系在一起？是因为她家在这里，还是名气太大，人们借此宣扬大明湖的藕？

大明湖种的大卧龙，又名大红刺、大疙瘩，喜欢水深的地方。花白色，荷叶高大，七八月间，藕头洁白，顶芽顶着嫩黄。大卧龙可生拌，可做水晶藕、姜拌藕、炸藕盒，是百姓喜欢的菜肴。

大明湖铁公祠一带所产莲藕最好，它与蒲菜、茭白被誉为明湖三美。盛夏时节，到处有售新藕和莲蓬，藕削去皮入口清脆，莲子也是鲜嫩可口。

过去北园附近居民，把时令藕作为水果，卖给游人。藕瓜洗净，以鲜荷叶包裹，随手拍打，藕碎裂后撒白糖，入口清凉，有一股甜味。

# 纤手搓成玉数寻

济南很早就有馓子,人们称之为细馓子,它是传统小吃。细条如线,如同长麻花似的形状,微咸香酥。二十世纪三四十年代,钟兴和、顾家号的细馓子名气很大。

张稚庐回忆说:"当年,吾家世居小梁隅首街,'钟兴和馓子铺'坐落在南北钟楼寺街路西、寿宫街东口,离我家仅隔东西钟楼寺一街。这铺子两间浅门面,长年烟熏火燎的屋里四壁灰黑。黑泥巴地上满是油污,摆几个大盆,两个大缸盛着油,炉子上坐一大铁锅,靠西墙角旮旯里堆着三五袋面粉。说是铺子并无柜台,只是一家馓子作坊,要趸给提篮小卖的贩子,不靠零售发财。"文字不是虚构和想象出来的,而是亲身经历留下的珍贵记录。张振楣指出:

"正因如此,凡有历史的地方,就有美食。"各地的吃食,经过时间的淘洗,并不是都存下来,传承下来的就是经典。

馓子有一千多年历史,古时称为环饼、寒具。环饼是因其形状而得名。寒具则是有来历,春秋时期,晋国义士介子推,因"割股奉君"隐居"不言禄",深得后人敬仰。他死后,晋文公感到非常愧疚,就设立寒食节,三天禁火,于是老百姓炸好环状的面食,为寒食节做准备,所以起名寒具。

馓子,南北方都有这种食物,南方用米,北方用面而已。很多少数民族都把馓子当作待客的面食。

檀道鸾《续晋阳秋》是记述东晋一代史事的专著,书中记载:"桓玄好蓄法书名画,客至,常出而观。客食寒具,油污其画,后遂不设寒具。"小故事竟成为典故。桓玄寒

具油，指观赏名字画留下的油污迹。桓玄因为宾客吃过寒具后，不把手清洗干净而弄脏书画，一怒之下立规矩，看帖洗手不设寒具。史传百家，留下经典的寒具触、寒具污、桓玄寒具油、客无寒具手、沾寒具等故事。

林洪的《山家清供》是床头书，睡觉时读几页，享受清素的美食，进入睡梦中。我也跟随林洪，学做一些简单的菜，春天做荠菜，其法实用，没有过多的工序，"用醯酱独拌生菜"，这是美味小菜。林洪讲述宋人山家饮馔，在《寒具》一则中，征引史实，这与他所处的时代和生活态度有关。

寒具是古代饮食文化中的公案，自唐以降，人们争议不断，留下诸多相关诗篇，除了林洪所举之外，无法一一全举出来，数量众多。林洪所言有据，只是个人见解。直到今天，学者依然论辩，未形成一致看法。有一点毫无疑问：寒具是一种面食。

李时珍《本草纲目》记曰："林洪《清供》云：寒具，捻头也。以糯粉和面，麻油煎成，以糖食之。可留月余，宜禁烟用。观此，则寒具即今馓子也。以糯粉和面，入少盐，牵索纽捻成环钏之形，油煎食之。"

济南人吃馓子有固定的程式，要与马蹄烧饼夹着吃，马蹄烧饼最好是西关西青龙街的芝麻马蹄烧饼，或放到甜沫和粥内泡着吃，其味妙不可言。